JN024636

たった1秒！
韓国語つぶやきレッスン

使える文法とフレーズの
基本が面白いほど身につく

たろん
taron

青春出版社

は じ め に

「お腹へった〜」
「あのカフェのケーキ、おいしかったなぁ」
「明日、会社行きたくない……」
「あ、もう8時だ！」
こんな自分の気持ちや目の前の出来事を韓国語でつぶやいて
みませんか？　思いついたことを口に出すだけですから1日
たった1秒。どんなに時間がなくても気軽に試すことができ
る韓国語の上達法です。

とはいえ、いきなりつぶやいてみたところでこの韓国語は合
っているのかな……と不安になりますよね？
そこで本書では「〜したい」「〜だけど」「〜しようと思う」
など、日常でよく使う表現50の「型」を紹介しています。50
の内訳は、CHAPTER1 ハングルが読めるようになったら取り
組みたい「基本の17」、CHAPTER2 表現が広がる「必須の23」、
CHAPTER3 初中級向けの「レベルアップ10」という構成にな
っています。

私はここ日本で長年韓国語教室を運営しています。本書の練
習問題には日本の韓国語学習者が間違えやすいポイント、日
常会話でよく使われる言い回しをふんだんに取り入れました。
本書をフルに活用して日々つぶやき、くり返し練習してみて
くださいね。そうするうちにいざリアルな韓国語に触れた時、
以前よりずっと言いたいことが話せたり、相手の言っている
ことがわかるようになっているに違いありません。

韓国語講師　たろん

韓国語をつぶやいて学ぶメリットとは?

1日1秒でも、積み重ねれば大きな力に!

せっかくハングルが読めるようになったのに、「韓国語を使う機会がない」「ネイティブの友だちもいない」「語学スクールに通う時間も、気力もない」。そんな時期もありますよね。

そこで本書で提案するのが、1日1秒、韓国語をつぶやく学習法です。やり方はシンプル。「お腹へった~」「早く会いたいな」など、目の前の状況や自分の気持ちを韓国語でつぶやくだけです。

本書ではさまざまな「つぶやくための表現」を紹介しました。1日1秒ほどのつぶやきですが、この毎日の小さな積み重ねが後の大きな力になってくれます。

初級に必要な文法をひと通りカバー。わかる韓国語が驚くほど増える

本書で紹介した「つぶやくための表現」は50の「型」をベースにしています。「型」とはいわば文法のこと。文法と聞くと敬遠する人も少なくありませんが、じつは文法こそが韓国語を理解するための最短ルートなのです。

本書では文法への理解も充実させるために、「50」の型を、①文法の解説→②つぶやき練習問題という2ステップで紹介しています。

韓国ドラマやVLIVEを見たり、好きな韓国語の歌を聴いたりするのも韓国語の勉強の1つでしょう。ですが、ただ漫然と触れるより文法を少しでも知ってから触れるほうが、情報の解像度は段違いに上がります。

会話練習にも、作文練習にもなる

　1人で「つぶやくための表現」はそのまま会話としても使える内容になっています。日本語の訳を見て、瞬間的に韓国語の文が出てくるぐらい、くり返しましょう。会話の瞬発力を鍛える練習にもなります。

　ご自身の学習の進捗度合いに合わせて、まずはCHAPTER 1 ハングルが読めるようになったら取り組みたい「基本の17」を。慣れてきたら、CHAPTER 2「必須の23」、CHAPTER 3「レベルアップ10」へと挑戦してみてください。

　練習問題の韓国語は音声で聞くことができるので、実際に聞いて発音を確かめてくださいね（似た音をルビに当てていますが、あくまでもガイドとして活用ください）。

　また、日本語の訳を見ながら韓国語の文章を作る練習もおすすめです。

単語を入れ替えれば、伝えられることも増える

　練習問題にある「つぶやくための表現」は、名詞や動詞など、単語を入れ替えて練習しましょう。

　たとえば「どんな映画が観たいですか?」という表現なら、「映画」を「ドラマ」「バラエティ番組」に、「観たいですか?」を「好きですか?」「苦手ですか?」などに変えて韓国語にしてみます。

　そんなふうに単語を入れ替えて活用すると、表現は無限に広がっていきます。

韓国語の特徴

韓国語について改めて確認してみましょう。
次のような4つの特徴があります。

特徴 1 韓国語は ローマ字と似ている

　韓国語では「ハングル」という文字を使います。ハングル（한글）は文字の名前のことです。

　ハングルはローマ字のように母音と子音の組み合わせで成り立っています。母音は21個、子音は19個あり、子音＋母音、または子音＋母音＋子音で1文字を作ります。

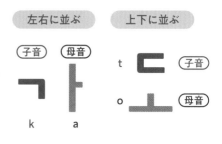

　文章を作る上でとくに大事になるのが「パッチム（받침）」です。これは文字を下で支える子音のことで、たとえば、바は「パ」と読みますが、パッチムㅂがついて밥になると

「パプ」に、同じように도「ト」にパッチムㄴがついて돈になると「トン」と読みます。このパッチムがあるかないかによって文章の作り方が変わってくるのです。

詳しくは各項目で解説しますが、まずはパッチムの有無が大事、ということを覚えておいてください。

特徴2 語順が日本語と似ている

日本語と韓国語はとてもよく似ています。以下の例文を見てみましょう。

昨日　　百貨店で　　　　コートを　　買いました。

<ruby>어제<rt>オジェ</rt></ruby> <ruby>백화점에서<rt>ペクァジョメソ</rt></ruby> <ruby>코트를<rt>コトゥルル</rt></ruby> <ruby>샀어요<rt>サッソヨ</rt></ruby>.

語順はまったく同じですよね。日本語の単語をそのまま韓国語に置き換えればよいのです。

ほかにも①「で／-에서」、「を／-를」などの助詞（てにをは）がある、②백화점（百貨店）のように漢字に由来する語彙（漢字語）があるなど、日本語と多くの共通点があります。

ただし、韓国語には「分かち書き」といって、文章を読みやすく、意味をわかりやすくするためにスペースを空けて書く決まりがあります。上の例文で言えば、어제（昨日）と백화점에서（百貨店で）の間にスペースがありますよね。

文法の１つなので厳密にはルールがあるのですが、まずは「分かち書き」する必要があることだけ頭に入れておいてください。

動詞や形容詞は
原形のまま使わない

韓国語の動詞や形容詞は**가다**（行く）、**먹다**（食べ
る）、**크다**（大きい）、**귀엽다**（かわいい）のように、最後に「**다**」がつくのが特徴です。

ただし、例外を除き原形のまま使われることはほとんどありません。最後の「**다**」をとって、それぞれの文型に合わせて活用させながら使います。

합니다体、해요体がある
ハムニダ　　　　　　ヘ　ヨ

韓国語の文型はおもに３つあります。「～です」を意味する①**합니다**体と②**해요**体、「～だ」を意味する③**해**体です。実際の文章を見てみましょう。

❶ 저는 한국에 갑니다.
チョヌン　　ハングゲ　　カムニダ

❷ 저는 한국에 가요.
チョヌン　　ハングゲ　　カヨ

❶❷ともに、私は韓国に行きます。

❸ 나는 한국에 가.
ナヌン　　ハングゲ　　カ

私は韓国に行く。

①の**합니다**体(格式体)は書き言葉や格式ばった場で用いられる最もていねいな表現、②の**해요**体は日常生活で用いられるて

いねいな表現です。

　③の**해体**はタメ口。親しい間柄や年下に対して使われ、パンマル(**반말**)とも呼ばれます。

　では、動詞や形容詞の活用を見てみましょう。

　①～③どの文型であっても、原形から**다**をとるのが原則です（ちなみに原形から**다**をとった部分は語幹と言います）。

　その上で、①**합니다体**であれば**ㅂ니다**か**습니다**を、②**해요体**であれば**아요**か**어요**を、**해体**であれば**아**か**어**をつけます。

　3つの文型の中でも、とくに②の**해요体**は本当にさまざまな表現で使います。

　해요体については巻末ページ(228ページ)でも解説しました。そちらも合わせてご覧ください。韓国語を習い始めたばかりという場合や、もっと本格的に韓国語を学びたいという場合は、一度は文法書などを参考にしっかり習得しておくのがおすすめです。

> 特徴
> 5

漢字由来の言葉が
たくさんある

　特徴2でお伝えしたように、韓国語にはたくさんの漢字語が使われています。

　たとえば、**학생**（学生）という単語は**학**（学）+**생**（生）の組み合わせ、**회사**（会社）という単語は**회**（会）+**사**（社）の組み合わせでできています。じゃあ、**회**（会）と**사**（社）を入れ替えたら……そう、**사회**（社会）です。

　また「計算」と**계산**、「約束」と**약속**、「無理」と**무리**のように日本語の発音と似ているものもたくさんあります。

タメ口の基本を知っておこう

　本書で紹介する「つぶやくための表現」は、タメ口も多数掲載しています。

　みなさんは「パンマル」という言葉を聞いたことがありますか？これがいわゆる、韓国語のタメ口のこと。パンマルは友だちや年下に対して使うのが一般的です。

☑ パンマル（タメ口）の作り方

　例外もありますが、基本的には**요**がついた文章（**해요**体と言います。8、228ページ参照）から、**요**をとればパンマルになります。

　過去形でも同じです。

☑ 名詞もパンマルにできる

　名詞はパッチムがない場合は**야**、ある場合は**이야**をつけます。「はい」「いいえ」といった返答にもパンマルがあります。

チビエヨ
집이에요. → 집이야.
家です　　　　　家だよ

ネ
네. → 응, 어.
はい　　　うん

アニヨ
아니요. → 아니.
いいえ　　　ううん

☑ タメ口を促す言葉
. . . .

　上下関係に厳しい印象がある韓国ですが、親しい年上や目上の相手にはパンマルを使います。こんな言葉をかけて、お互い納得の上、パンマルに移行することが多いようです。

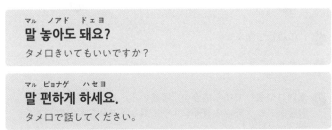

マル　ノアド　ドェヨ
말 놓아도 돼요?
タメ口きいてもいいですか?

マル　ピョナゲ　ハセヨ
말 편하게 하세요.
タメ口で話してください。

　みなさんも機会があったら、ぜひ使ってみてくださいね。巻末に「タメ口表現の使い分け」(235ページ参照)を紹介しました。あわせてご覧ください。

本書の使い方

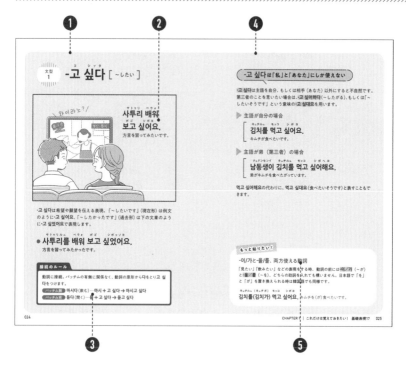

1 この項目で学ぶ文型

2 文型を使ったフレーズを紹介しています

3 単語につなげて使う場合の「接続のルール」を解説。動詞や
形容詞、パッチムの有無によって異なることも多いのでよく
チェックしましょう

4 学習する上で間違いやすいポイントや類似の表現との使い分
けなど、そのフレーズをもっと知るための解説です

5 知っていると役立つワンポイントアドバイス

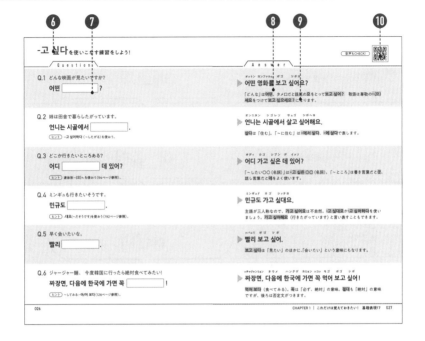

❻ 文型を使いこなすための練習問題を6つ紹介しています

❼ 学んだ「型」や単語を使って空欄を埋めてみましょう。ヒントも参考にしてくださいね

❽ 右ページには、解答例として最もよく使われる表現を掲載。チェックしたら、一度は口に出して言ってみましょう。音声を聞いて発音もチェックしてみてくださいね

❾ 単語の意味や表現のポイント、発音の注意などを解説

❿ 音声を確認するためのQRコード。使い方は22ページを参考にしてください

これだけつぶやいてみよう!

1 お腹すいた。
배고프다は「お腹がへる」。

> ペゴパ
> **배고파.**

2 あ～眠い。
「眠たい」は졸리다を使います。

> ア チョルリョ
> **아, 졸려.**

3 めんどくさい。
귀찮다は「めんどくさい」という意味。

> クィチャナ
> **귀찮아.**

4 時間がない。
시간이 있어(時間がある)の反対表現。

> シガニ オプソ
> **시간이 없어.**

5 おいしそう。
맛있다(おいしい)に推量を表す-겠다(～そうだ)がついています。

> マシッケッタ
> **맛있겠다.**

6 すごく疲れた。
피곤하다は形容詞で「疲れている」。

> ノム ピゴネ
> **너무 피곤해.**

7 ちょっと高いな。
좀は조금(ちょっと)の縮約形。

> チョム ピッサネ
> **좀 비싸네.**

8　どうしよう？
어떡하지는 어떻게 하지? (どうしよう)を縮約した形。

オットカジ
어떡하지?

9　恥ずかしい。
창피하다(恥ずかしい)は人前で恥をかいた時に使います。

チャンピヘ
창피해.

10　いい天気だな。
날씨가 좋다は「天気がいい」。

ナルッシ　チョタ
날씨 좋다.

11　何よ、何なの。
疑問の「何?」だけでなく、驚いた時や怒った時、うれしい時にも使える表現。

ムォヤ
뭐야.

12　そうそう。
맞다は「合う、正しい」の意味。

マジャ　マジャ
맞아, 맞아.

13　うらやましい。
「うらやましい」は부럽다。

ブロウォ
부러워.

14　やばい! すごい!
대박は若者が使う感嘆表現。대박이다(すごい)も同じ意味。

テバク
대박!

15 びっくりした。
깜짝は驚いた様子を表す副詞。
驚いた時のフレーズにもなります。

ッカムッチャギヤ
깜짝이야.

16 しょうがないよ。
어쩔 수 없다は「しょうがない」。

オッチョル ス オプソ
어쩔 수 없어.

17 えー、まさか。
「まさか」は**설마**で表します。

エイ ソルマ
에이, 설마.

18 どういう意味?
무슨は「何」、**뜻**は「意味」。理解
できない時の表現です。

ムスン ットゥシヤ
무슨 뜻이야?

19 心配だな。
걱정이다(心配だ) に**네**(~だね、
~だな)がついています。

コクチョンイネ
걱정이네.

20 道、混んでるなぁ。
차(가) 막히다は「車が混む」とい
う意味。

チャ マニ マキネ
차 많이 막히네.

21 そうなんだ。
그렇다(そうだ) に **-구나**(~だな)
がついています。

クロクナ
그렇구나.

22 最悪！
「最悪だ」は최악이다。

> チェアギダ
> 최악이다!

23 お菓子みたい。
名詞＋같다は「〜みたいだ」を意味します。

> クァジャ カタ
> 과자 같아.

24 大変だ。
큰일は「大変なこと」。큰일 났네も同じ意味で使われるフレーズです。

> クニリネ
> 큰일이네.

25 おいしくないな。
맛이 없다で「おいしくない」という意味。

> マシ オムネ
> 맛이 없네.

26 変な夢見た。
이상하다（おかしい）。「（夢を）見る」は보다ではなく꾸다。

> イサンハン ックム ックォッソ
> 이상한 꿈 꿨어.

27 家めっちゃ散らかってる。
엉망이다は「めちゃくちゃだ」。散らかっている様子を表します。

> チビ オンマンイヤ
> 집이 엉망이야.

28 すごく忙しい。
정신(이) 없다は直訳だと「精神がない」。

> チョンシノプソ
> 정신없어.

韓国語つぶやきレッスン　目次

CHAPTER 1

これだけは覚えておきたい！
基礎表現 17

語彙力アップ column

CHAPTER 2

理解できること、
言いたいことが広がる！
必須表現23

語彙力アップ　 column

CHAPTER 3

表現力にめきめき
自信がついてくる！

レベルアップ 10

\<STAFF\>
デザイン／黒田志麻
イラスト／よしだみさこ
ナレーション／水月優希、イム・チュヒ
音源制作／一般社団法人英語教育協議会（ELEC）
校正／水科哲哉（合資会社アンフィニジャパン・プロジェクト）
　　　渡辺麻土香
DTP／佐藤史子
企画・編集／峰岸美帆

音声を
聞くには

本書の音声には、次の内容が収録されています。

❶ まずはこれだけつぶやいてみよう！ 14～17ページ

❷ 文法のメインフレーズと練習問題

パソコン、スマートフォンなどから各項目に掲載されたQRコードにアクセスし、音声を再生してください。
なお、❷の「メインフレーズ」とは、イラスト内の韓国語を意味します。

「練習問題」は日本語のナレーションのあとに、韓国語の解答が読まれます。日本語ナレーションを聞き、自分で答えを考えてから韓国語を再生するのがおすすめです。

本書では実際の発音になるべく近いルビをつけていますが、日本語で表しきれない発音もあります。ぜひ音声を聞いて、リアルな発音を確認してください。ヒアリングの練習にもなります。

【注意事項】
・音声をお聞きいただく際の通信費はお客さまのご負担となります。
・音声を保存することはできません。
・動画アプリをインストールしている場合は、アプリが立ち上がることがあります。
・なお、本サービスは予告なく終了する場合がございます。あらかじめご了承ください。

CHAPTER 1

これだけは
覚えておきたい！

基礎表現 17

「～したい」「～しなきゃ」「～できない」など
の表現は、ハングルが読めるように
なったら覚えておきたい基本中の基本。
まずはここから始めましょう！

文型 1 -고 싶다 [~したい]

사투리 배워
보고 싶어요.
方言を習ってみたいです。

-고 싶다は希望や願望を伝える表現。「~したいです」(現在形) は例文のように-고 싶어요、「~したかったです」(過去形) は下の文章のように-고 싶었어요で表現します。

● 사투리를 배워 보고 싶었어요.
方言を習ってみたかったです。

接続のルール

動詞に接続。パッチムの有無に関係なく、動詞の原形から다をとり고 싶다をつけます。

パッチム無 마시다(飲む)…마시 ＋ 고 싶다 → 마시고 싶다
パッチム有 듣다(聞く)…듣 ＋ 고 싶다 → 듣고 싶다

-고 싶다は「私」と「あなた」にしか使えない

-고 싶다は主語を自分、もしくは相手（あなた）以外にすると不自然です。
第三者のことを言いたい場合は、-고 싶어하다（〜したがる）、もしくは「〜
したいそうです」という意味の-고 싶대요を用います。

主語が自分の場合

キムチルル　モッコ　シボヨ
김치를 먹고 싶어요.
キムチが食べたいです。

主語が弟（第三者）の場合

ナムドンセンイ　キムチルル　モッコ　シボヘヨ
남동생이 김치를 먹고 싶어해요.
弟がキムチを食べたがっています。

먹고 싶어해요の代わりに、먹고 싶대요（食べたいそうです）と表すこともで
きます。

もっと知りたい！

-이/가と-을/를、両方使える動詞

「見たい」「飲みたい」などの表現をする時、動詞の前には-이/가（〜が）
と-을/를（〜を）、どちらの助詞を入れても構いません。日本語で「を」
と「が」を置き換えられる時は韓国語でも同様です。

キムチルル（キムチガ）　モッコ　シボヨ
김치를(김치가) 먹고 싶어요. キムチを(が)食べたいです。

-고 싶다 を使いこなす練習をしよう!

Q.1 どんな映画が見たいですか?

어떤 [   ] ?

Q.2 姉は田舎で暮らしたがっています。

언니는 시골에서 [   ] .

(ヒント) -고 싶어하다 (～したがる) を使おう。

Q.3 どこか行きたいところある?

어디 [   ] 데 있어?

(ヒント) 連体形-(으)ㄴを使おう(95ページ参照)。

Q.4 ミンギュも行きたいそうです。

민규도 [   ] .

(ヒント) -대요(～だそうです)を使おう(192ページ参照)。

Q.5 早く会いたいな。

빨리 [   ] .

Q.6 ジャージャー麺、今度韓国に行ったら絶対食べてみたい!

짜장면, 다음에 한국에 가면 꼭 [   ] !

(ヒント) ～してみる:-아/어 보다(126ページ参照)。

Answer

オットン ヨンファルル ポゴ シボヨ
어떤 영화를 보고 싶어요?

「どんな」は**어떤**。タメロだと語尾の**요**をとって**보고 싶어?** 敬語は尊敬の**-(으)세요**をつけて**보고 싶으세요?**になります。

オンニヌン シゴレソ サルゴ シボヘヨ
언니는 시골에서 살고 싶어해요.

살다は「住む」。「〜に住む」は**-에서 살다**、**-에 살다**で表します。

オディ カゴ シブン デ イッソ
어디 가고 싶은 데 있어?

「〜したい〇〇（名詞）」は**-고 싶은 〇〇**（名詞）。「〜ところ」は書き言葉だと**곳**、話し言葉だと**데**をよく使います。

ミンギュド カゴ シッテヨ
민규도 가고 싶대요.

主語が三人称なので、**가고 싶어요**は不自然。**-고 싶대요**か**-고 싶어하다**を使いましょう。**가고 싶어해요**（行きたがっています）と言い表すこともできます。

ッパルリ ポゴ シボ
빨리 보고 싶어.

보고 싶다は「見たい」のほかに、「会いたい」という意味にもなります。

ッチャジャンミョン タウメ ハングゲ カミョン ッコク モゴ ボゴ シボ
짜장면, 다음에 한국에 가면 꼭 먹어 보고 싶어!

먹어 보다（食べてみる）。**꼭**は「必ず、絶対」の意味。**절대**も「絶対」の意味ですが、後ろは否定文がつきます。

-(이)랑 [~と]

（イ ラン）

영화 보고 싶은데
（ヨンファ ポ ゴ シプンデ）

누구랑 가지 ?
（ヌグラン カ ジ）

映画見たいけど、 誰と行こうかな?

※~지?：~かな?

数ある「~と」の中で-(이)랑は一番カジュアルな表現。後ろに**같이**を加えると「~と一緒に」の意味になります。

▷▷ 名詞と名詞をつなぐ役割もあります。

[**아빠랑 엄마**]
（アッパラン オムマ）
パパとママ

[**마늘이랑 파**]
（マヌリラン パ）
ニンニクとネギ

接続のルール

名詞に接続。パッチムがない場合は**랑**、ある場合は**이랑**をつけます。

パッチム無 나 (私)… **나 ＋ 랑 → 나랑**

パッチム有 형 (兄)… **형 ＋ 이랑 → 형이랑**

いろいろな「～と」の使い分け

韓国語の「～と」を表す助詞は大きく分けて3つ。-와／과は文章を書く時や改まった場で用いる硬い表現。-하고と-(이)랑は日常会話で用いる口語表現です。(이)랑 < 하고 < 와／과と、右に行くほど硬い言い回しになります。

助詞の種類	パッチムなし	パッチムあり
-와／과 _{ワ グァ} 書き言葉	와	과
-하고 _{ハ ゴ} 話し言葉	하고	하고
-(이)랑 _{(イ) ラン} 話し言葉	랑	이랑

-하고はパッチムの有無に関係なく使えます。 ほかはパッチムの有無により変化するので注意が必要です。

パパゴ　カ チ　モグミョン　マシッソヨ
● **밥하고 같이 먹으면 맛있어요.**

ご飯と一緒に食べるとおいしいです。

///// もっと知りたい！ /////

過去形で表す「～している」

日本語では「～している」と現在形で表すのに、韓国語では過去形になる表現があります。

キョロネッソヨ
결혼했어요. 結婚しています。

マルラッソヨ
말랐어요. やせています。

イボッソヨ
입었어요. 着ています。

アジク　アン　ボァッソヨ
아직 안 봤어요. まだ見ていません。

-(이)랑 を使いこなす練習をしよう!

Q.1 果物とサンドウィッチ買って行こうかな?

| | 샌드위치 사 갈까?

Q.2 妹と(顔が)似てる?

| | 닮았어?

Q.3 お母さんと2人で旅行に行くつもりなんだ。

| | 여행 가려고.

Q.4 私のものと変えましょうか?

| | 바꿀까요?

ヒント (誰々)のもの:-거(것)。

Q.5 写真と違っていてがっかりしました。

| | 달라서 실망했어요.

ヒント 실망(失望)하다で「がっかりする」。

Q.6 ジヨンと中学の同級生だよ。

| | 중학교 동창이야.

ヒント 동창(同窓)は「同級生」のこと。

音声もCHECK!

─── A n s w e r ───

ク ァ イ リ ラ ン 　 セ ン ド ゥ ウ ィ チ 　 サ 　 ガ ル ッ カ

과일이랑 샌드위치 사 갈까?

과일（果物）にパッチムがあるので이랑。사다（買う）+ 가다（行く）→ 사 가다
（買って行く）。

ヨ ド ン セ ン イ ラ ン 　 タ ル マ ッ ソ

여동생이랑 닮았어?

「（顔が）似る」は닮다ですが、「似ている」は過去形の닮았다で表現します。
「〜に似ている」は-을／를 닮았다になります。

オ ム マ ラ ン 　 ト ゥ リ ソ 　 ヨ ヘ ン 　 カ リ ョ ゴ

엄마랑 둘이서 여행 가려고.

「2人で」は둘이서。셋이서（3人で）、넷이서（4人で）も頻出表現なのでその
まま覚えてしまいましょう。엄마는어머니（お母さん）のくだけた言い方。

チ ェ 　 ッ コ ラ ン 　 バ ッ ク ル カ ヨ

제 거랑 바꿀까요?

「（誰々）のもの」は○○ 거で表します。거の発音は[꺼]となります。

サ ジ ニ ラ ン 　 タ ル ラ ソ 　 シ ル マ ン ヘ ッ ソ ヨ

사진이랑 달라서 실망했어요.

「違う、異なる」は다르다。실망이다（がっかりだ）もメジャーな表現。
例）실망이에요.（がっかりです）。

ジ ョ ニ ラ ン 　 チ ュ ン ハ ッ キ ョ 　 ド ン チ ャ ン イ ヤ

지연이랑 중학교 동창이야.

名前＋이は「〜ちゃん、〜君」の意。ただし、使えるのは名前の最後にパッチ
ムがある場合のみ。パッチムがない名前には何もつけません。

-(으)러 가다 [~しに行く]

<ウ ロ ガ ダ>

イボン チュマレ
이번 주말에
オディ ノルロ ガルッカ
어디 놀러 갈까?
今週末どこか遊びに行こうか?

-(으)러は日本語の「~しに」にあたる目的を表す表現。「~しに行く／来る」を意味する-(으)러 가다／오다でよく使います。

▶▶ -(으)러 가다

チングルル マンナロ ガ ヨ
> **친구를 만나러 가요.**
> 友だちに会いに行きます。

▶▶ -(으)러 오다

オスル サロ ワッソヨ
> **옷을 사러 왔어요.**
> 服を買いにきました。

動詞に接続。動詞の原形から**다**をとりパッチムがない場合は**러**、ある場合は**으러**をつけます。

パッチム無 **보다**(見る)…**보＋러 → 보러**

パッチム有 **먹다**(食べる)…**먹＋으러 → 먹으러**

-(으)러 は移動を表す動詞とセット

가다／오다以外にも**-(으)러**に接続できる動詞があります。共通点は「移動を表す動詞」であるかどうか。おもな動詞を紹介します。

$$-(으)러 ＋ \begin{cases} 가다／오다 \ (行く／来る) \\ 나가다／나오다 \ (出る) \\ 들어가다／들어오다 \ (入る) \\ 다니다 \ (通う)\ \cdots \end{cases}$$

- **점심 먹으러 나왔어요.**

  昼食を食べに(外に)出ました。

- **한국어를 배우러 학원에 다녀요.**

  韓国語を習いに教室に通っています。　※学院(学院)は「習い事教室、塾」のこと。

もっと知りたい！

疑問詞の2つの意味

「どこか」を表す韓国語は**어딘가**ですが、**어디**（どこ）だけでも「どこか」という意味でよく使います。2つの意味を持つ疑問詞を紹介します。

어디＝어딘가（どこか）　　　　**누가＝누군가**（誰か）

뭐＝뭔가（何か）　　　　**언제＝언젠가**（いつか）

-(으)러 가다 を使いこなす練習をしよう！

Q.1 お金おろしに行かないと。

| | 가야 돼.

Q.2 コンビニにパンを買いに来ました。

편의점에 | | 왔어요.

Q.3 試験終わったら買い物に行こう！

시험 끝나면 | | 가자!

（ヒント）-자は「～しよう」という意味です。

Q.4 友だちに会いに来ました。

| | 왔어요.

Q.5 どっか遊びに行きたい！

어디 | | 가고 싶어!

Q.6 ちょっと気晴らしに出たよ。（「今何してる?」と聞かれて）

잠깐 | | 나왔어.

（ヒント）잠깐は「ちょっと」という意味。

Answer

トン チャジュロ ガヤ ドェ
돈 찾으러 가야 돼.

돈(을) 찾다で「お金をおろす」。**찾다**の意味は「探す」ですが、そのほかにも「おろす」「見つける」などさまざまな意味があります。

ピョニジョメ ッパヌル サロ ワッソヨ
편의점에 빵을 사러 왔어요.

「コンビニ」は**편의점[펴니점]**。

シホム ックンナミョン ショピンハロ ガジャ
시험 끝나면 쇼핑하러 가자!

「買い物に行く」は**쇼핑하러 가다**（買い物しに行く）、もしくは**쇼핑(을) 가다**で表します。「仕事に行く」も**일하러 가다**（仕事しに行く）。

チング マンナロ ワッソヨ
친구 만나러 왔어요.

「友だちに会う」は**친구를 만나다**。「～に会う」の「～に」は**-을／를**を使いますが、会話ではよく省略されます。

オディ ノルロ ガゴ シポ
어디 놀러 가고 싶어!

「遊ぶ」は**놀다**。語幹にㄹパッチムがある時は**ㄹ+러**の形になります（ㄹ変則活用）。

チャムカン バラム ッスェロ ナワッソ
잠깐 바람 쐬러 나왔어.

바람(을) 쐬다は直訳すると「風に当たる」。転じて「気晴らしに外に出かける」の意味があります。

文型 4

-(으)려고 하다
ウ リョゴ ハ ダ

[～しようと思う]

다음 달에
タウム タレ
유럽으로
ユ ロ プ ロ
여행 가려고 해요.
ヨヘン カ リョゴ ヘ ヨ

来月ヨーロッパへ旅行に
行こうと思っています。

-(으)려고は「～しようと」という意図を表す表現。-(으)려고の後には
文章が来ることが多いのですが、例文のように하다がつく場合は、「～
しようと思う」という話し手の意図を表します。

⋙ -(으)려고 ＋ 動詞 → ～しようと

집을 사려고 이것저것 알아보고 있어요.
チブル サ リョゴ イゴッチョゴッ アラボゴ イッソヨ

家を買おうといろいろと調べています。

⋙ -(으)려고 하다 → ～しようと思う

집을 사려고 해요.
チブル サ リョゴ ヘ ヨ

家を買おうと思います。

-(으)려고요を使って簡潔に

後ろの文を省略して簡潔に述べたい時は、**-(으)려고요**を使うと便利 (会話ではしばしば**-려구요**と発音します)。質問の返しにも頻繁に使います。

たとえば「あなたも一緒に行くの?」と聞かれて、「一緒に行くつもりだ」と答える場合

通常の返答	省略した返答

カチ　カリョゴ　ヘ　ヨ

● **같이 가려고 해요.** →
一緒に行こうと思っています。

カチ　カリョゴヨ

같이 가려고요.

チングエゲ　チュリョゴ　ヘヨ

● **친구에게 주려고 해요.** →
友だちにあげようと思っています。

チングエゲ　チュリョゴヨ

친구에게 주려고요.

///// もっと知りたい!

제일だけじゃない「一番」

「一番~」といえば**제일(가장)**が一般的ですが、前・後ろなどの位置表現や最初・最後などの順番を表す場合は、**맨**をよく使います。後ろには名詞がつきます。

メン　アプ
맨 앞 ―番前

メン　ミッ
맨 밑 ―番下

メン　チョウム
맨 처음 ―番最初

メン　マジマク
맨 마지막 ―番最後

-(으)려고 하다 を使いこなす練習をしよう!

Q.1 ご飯食べてから帰ろうと思ってます。

밥 먹고 [　　　　　　　].

（ヒント） -(으)려고요を使おう。

Q.2 一人で行くの?

혼자 [　　　　　　　]?

Q.3 トンカツ作ろうと思ってお肉買って来たよ。

돈까스 [　　　　　　　] 고기 사 왔어.

Q.4 カーテンをもっと明るい色に変えようと思ってます。

커튼을 더 밝은 색으로 [　　　　　　　].

Q.5 一番後ろの席に座ろうと思ったのに…。

맨 뒷자리에 [　　　　　　　] 했는데….

Q.6 課題、 もう適当に書こうと思ってる。

과제, 그냥 [　　　　　　　].

Answer

パム モッコ トゥロガリョゴヨ
밥 먹고 들어가려고요.

들어가다 (入る) は「帰る」の意味にもなります。
例) 잘 들어갔어? (家に無事に着いた？)。

ホンジャ カリョゴ
혼자 가려고?

-(으)려고? で「～するつもり？」。가려고を갈려고(갈려구) と話すネイティブ
もいますが、誤った表現なので注意が必要です。

トンッカス マンドゥルリョゴ コギ サ ワッソ
돈까스 만들려고 고기 사 왔어.

만들다など ㄹパッチムがある動詞の場合は変則的。ㄹをとって ㄹ+려고をつけ
ます。よって 만들으려고は×。

コトゥヌル ト パルグン セグロ パックリョゴ ヘヨ
커튼을 더 밝은 색으로 바꾸려고 해요.

바꾸려고요でもOK。「○○(名詞) に変える」は○○(으)로 바꾸다と表します。

メン トゥィッチャリエ アンジュリョゴ ヘンヌンデ
맨 뒷자리에 앉으려고 했는데….

-(으)려고 했는데は「～しようと思ったんだけど」。
뒷자리 (後ろの席) ⇔ 앞자리 (前の席)

クァジェ クニャン テチュン ッスリョゴ
과제, 그냥 대충 쓰려고.

「適当に、だいたい」は대충。
例) 대충 알아듣다 (だいたい聞き取る)、대충 먹다 (適当に食べる)。

文型 5

-(으)ㄹ까요?
ウ ル ッ カ ヨ

[～しましょうか？]

オヌルン カクチャ
오늘은 각자
ネルッカヨ
낼까요?

今日は割り勘しましょうか？

-(으)ㄹ까요?（～しましょうか？）は相手の意見をたずねたり、何かを
しようと勧誘する時の表現です。

意見をたずねる

チャンムン タドゥルッカヨ
창문 닫을까요?

窓閉めましょうか？

主語は제가／내가（私が）。

提案、勧誘をする

ペクァジョメ カルッカヨ
백화점에 갈까요?

デパートに行きましょうか？

主語は우리（私たち）。

動詞に接続。動詞の原形から**다**をとりパッチムがない場合は**ㄹ까요**、ある場合は**을까요**をつけます。

パッチム無 사다(買う)…사 **+ ㄹ까요 →** 살까요

パッチム有 앉다(座る)…앉 **+ 을까요 →** 앉을까요

「推測」の -(으)ㄹ까요?

-(으)ㄹ까요? には、「~でしょうか?」という推測の意味もあります。この場合、主語は三人称。推測の**-(으)ㄹ까요?** は動詞だけでなく形容詞にも接続できます。

「~でしょうか?」(推測)

> ユカ ッシヌン テクシ タゴ オルッカヨ
> # 유카 씨는 택시 타고 올까요?
> ゆかさんはタクシーに乗って来るんでしょうか?

もっと知りたい!

「~かな?」を表す -(으)ㄹ까?

タメ口表現の**-(으)ㄹ까?** は「~かな?」と独り言をつぶやく時にも使われます。

ナド ユトゥブ ヘ ボルッカ
나도 유튜브 해 볼까? 私もYouTubeしてみようかな?

ウェ グロルッカ
왜 그럴까? 何でなんだろう?

-(으)ㄹ까요? を使いこなす練習をしよう!

Q.1 地下鉄で行きましょうか?

| | ?

ヒント 地下鉄:지하철。

Q.2 どのチームが勝つでしょうか?

어느 팀이 [　　　　　] ?

Q.3 2つとも買おうかな?

| | ?

Q.4 髪、 伸ばそうかな?

머리 [　　　　　] ?

Q.5 何色にしましょうか?

무슨 [　　　　　] ?

ヒント 何色:무슨 색。

Q.6 私が代わりに行ってこようか?

내가 대신 [　　　　　] ?

/ A n s w e r \

🔖 지하철로 갈까요?
チハチョルロ　カルッカヨ

手段の「〜で」は-(으)로。返答は-아／어요を使います。**지하철로 가요**で「地下鉄で行きましょう」。

🔖 어느 팀이 이길까요?
オヌ　ティミ　イギルッカヨ

「勝つ」は**이기다**。**어느**は「どの（＋名詞）」。

🔖 둘 다 살까?
トゥル　ダ　サルッカ

둘 다は「2つとも」「2人とも」。**다**は「全部」という意味。もしくは**두 개 다**（2個とも）としても正解です。

🔖 머리 기를까?
モリ　キルルッカ

「（髪を）伸ばす」は**기르다**。「髪切ろうかな？」は**자르다**（切る）を使って、**머리 자를까？**。

🔖 무슨 색으로 할까요?
ムスン　セグロ　ハルッカヨ

数種類から1つを選択する時の「〜に」は-(으)로を使います。
例）**그걸로**(=그것으로) **할게요.**（それにします）。

🔖 내가 대신 갔다 올까?
ネガ　テシン　カッタ　オルッカ

「行ってくる」は**갔다 오다**。**대신(에)**は「代わりに」という意味。

-(으)ㄹ 거예요
ウル　コ　エ　ヨ

[～するつもりです]

오늘은 하루 종일
オヌルン　　ハル　　ジョンイル
드라마 볼 거예요.
トゥラマ　ポル　コ　エ　ヨ

今日は一日中ドラマを
見るつもりです。

놀자!

-(으)ㄹ 거예요（～するつもりです）は話し手の意思を表します。疑問
文は相手の意思をたずねる表現になります。

話し手の意思を示す

카페에서 공부할 거예요.
カ　ペ　エ　ソ　　コンブハル　　コ　エ　ヨ

カフェで勉強するつもりです。

聞き手の意思をたずねる

카페에서 공부할 거예요?
カ　ペ　エ　ソ　　コンブハル　　コ　エ　ヨ

カフェで勉強するつもりですか?

?をつけて語尾を上げて発音するだけで、相手の意思をたずねる文になります。

「推測」の -(으)ㄹ 거예요

-(으)ㄹ 거예요は「~すると思います、~でしょう」という推測の意味でも使います。前ページのように「意思」を表す場合は動詞でしか使えませんが、「推測」の場合は動詞と形容詞につくことができます。

	意思を表す場合	推測を表す場合
動詞	チョド カル コエヨ **저도 갈 거예요.** 私も行くつもりです。	ミンス ッシド カル コエヨ **민수 씨도 갈 거예요.** ミンスさんも行くと思います。
形容詞	×	クェンチャヌル コエヨ **괜찮을 거예요.** 大丈夫でしょう。

もっと知りたい！

한と-쯤(정도)はセットで覚える

한 -쯤(정도)は「だいたい~くらい」を表す定番の組み合わせ。それぞれ한は「だいたい、およそ」、-쯤は「くらい」、-정도は「程度、くらい」という意味です。

ハン セシッチュム
한 3시쯤 だいたい3時くらい

ハン タソッケ ジョンド
한 5개 정도 だいたい5個くらい

-(으)ㄹ 거예요 を使いこなす練習をしよう！

Q.1 ちょっと遅れると思います。

좀 ⬚ .

Q.2 授業終わったらすぐ帰る？

수업 끝나고 ⬚ ？

（ヒント） タメ口表現の-(으)ㄹ 거야を使おう。

Q.3 この本、役に立つと思いますよ。

이 책 ⬚ .

Q.4 だいたい8時くらいに到着するはずです。

한 8시쯤에 ⬚ .

Q.5 そんなに高くないでしょう。

그렇게 ⬚ .

（ヒント） 否定の-지 않을 거예요を使おう。

Q.6 私、結婚しないからね。

나 ⬚ .

（ヒント） 否定の안 -(으)ㄹ 거야を使おう。

音声もCHECK!

── Answer ──

チョム ヌジュル コエヨ

≫ 좀 늦을 거예요.

늦다は「遅い（形容詞）」だけでなく「遅れる（動詞）」という意味があります。

スオプ ックンナゴ バロ カル コヤ

≫ 수업 끝나고 바로 갈 거야?

가다には「（家に）帰る」の意味も。바로（すぐ）は바로 오다（すぐ来る）、바로 시작하다（すぐ始める）のように使います。

イ チェク トウミ ドェル コエヨ

≫ 이 책 도움이 될 거예요.

「役に立つ、助けになる」は도움이 되다。

ハン ヨドルシッチュメ トチャカル コエヨ

≫ 한 8시쯤에 도착할 거예요.

「到着する」は도착하다。한-쯤（정도）は「だいたい～くらい」。

クロケ ビッサジ アヌル コエヨ

≫ 그렇게 비싸지 않을 거예요.

否定文は-지 않을 거예요、안-(으)ㄹ 거예요で表します。그렇게は「そんなに」。

ナ シジプ アン ガル コヤ

≫ 나 시집 안 갈 거야.

시집(을) 가다で「嫁にいく」。결혼하다（結婚する）と同じニュアンスです。男性は장가(를) 가다。

-아／어도 되다
_ア _オ _ド _{ドェ} _ダ

[〜してもいい]

イジェ モゴド ドェヨ
이제 먹어도 돼요 ?
もう食べてもいいですか?

-아／어도 되다は相手に「〜してもいい?」と許可を求めたり、許可を与えたりする時の表現です。「許可」といっても「〜してもいいよ」という程度の軽いニュアンスで使われます。

▶ 許可を求める

[
ネイル カド ドェヨ
내일 가도 돼요 ?
明日行ってもいいですか?
]

▶ 許可を与える

[
ネイル ワド ドェヨ
내일 와도 돼요.
明日来てもいいですよ。
]

接続のルール

動詞に接続。**해요**体から**요**をとり**도 되다**をつけます。

パッチム無 사다(買う)… 사 ＋ 도 되다 → 사도 되다
パッチム有 찍다(撮る)… 찍어 ＋ 도 되다 → 찍어도 되다

「～してもいい」の「いい」は**되다**が基本。しかし**되다**の代わりに以下
のような語をつけることもあります。

⟫ -아／어도 괜찮다　～しても大丈夫だ

タ　モ　ゴ　ド　　クェンチャナヨ
다 먹어도 괜찮아요.

全部食べても大丈夫です。

⟫ -아／어도 좋다　～してもいい

タ　モ　ゴ　ド　　チョアヨ
다 먹어도 좋아요.

全部食べてもいいです。

⟫ -아／어도 상관없다　～しても構わない

タ　モ　ゴ　ド　　サングァノプソヨ
다 먹어도 상관없어요.

全部食べても構いません。

상관(相関) 없다は「構わない、気にならない、関係ない」を意味します。

///// もっと知りたい！ /////

許可を求められた時の返答は?

앉아도 돼요?（座ってもいいですか？）などと許可を求められた時の答
え方も覚えておきましょう。

ネ　アンジュセヨ　（アンジャヨ）
네, 앉으세요(앉아요).

はい、お座りください。
-(으)세요(～してください)を使う。

ネ　アンジャド　ドェヨ
네, 앉아도 돼요.

はい、座ってもいいですよ。
聞かれたままを反復して答えてもOK。

-아/어도 되다를 使いこなす練習をしよう!

Q.1 新しく買ってもいい?

새로 ☐☐☐☐☐ .

Q.2 1つ聞いてもいいですか?

뭐 하나 ☐☐☐☐☐ ?

Q.3 なくても構わないよ。

☐☐☐☐☐ .

Q.4 入ってもいいですか?

☐☐☐☐☐ ?

Q.5 私もついて行っていい?

나도 ☐☐☐☐☐ ?

Q.6 失敗しても大丈夫!

☐☐☐☐☐ !

/ A n s w e r \

セロ サド ドェ

새로 사도 돼?

새로は「新しく」。

ムォ ハナ ムロボァド ドェヨ

뭐 하나 물어봐도 돼요?

質問する時の決まり文句。よりていねいな言い方は **여쭤봐도 돼요?** (おたず
ねしてもいいですか?)。

オプソド サングァノプソ

없어도 상관없어.

없어도 돼 (なくてもいいよ)、없어도 괜찮아 (なくても大丈夫) でもOKです。

トゥロガド ドェヨ

들어가도 돼요?

「入る」は **들어가다** (入って行く) と **들어오다** (入って来る) があり、中にいるのか、
外にいるのかで使い分けます。

ナド ッタラガド ドェ

나도 따라가도 돼?

「ついて行く」は **따라가다**。「ついて来る」の場合は、**가다**を**오다**に変えて **따라
오다** とします。

シルペヘド クェンチャナ

실패해도 괜찮아!

실패하다は「失敗する」。실패 (失敗) は目標が達成できなかった時、실수 (失
手) はミスをした時に使います。

文型
8

-(으)면 안 되다
［ ～してはいけない ］

ウ　ミョン　アン　ドェダ

オルンドゥランテ　　パンマラミョン　アン　ドェ
어른들한테 반말하면 안 돼.
大人にタメ口を使ってはだめよ。

-(으)면 안 되다で「～してはいけない」という「禁止」を表します。上
の例文はタメ口ですが、語尾に「요」をつけるとていねいな印象にな
ります。「許可」を表す-아／어도 되다（48ページ）の反対表現です。
といっても안をつけるだけではないので注意しましょう。

許可

ゴ ヌ　ッシハンテ　マ レ ド　　ドェヨ
건우 씨한테 말해도 돼요.

ゴヌさんに言ってもいいですよ。

禁止

ゴ ヌ　ッシハンテ　マラミョン　アン　ドェヨ
건우 씨한테 말하면 안 돼요.

ゴヌさんに言ってはいけませんよ。

接続のルール

動詞に接続。動詞の原形から**다**をとりパッチムがない場合は**면 안 되다**、ある場合は**으면 안 되다**をつけます。

パッチム無 **쓰다**（使う）…**쓰 ＋ 면 안 되다 → 쓰면 안 되다**

パッチム有 **찍다**（撮る）…**찍 ＋ 으면 안 되다 → 찍으면 안 되다**

禁止表現が疑問形になると？

「禁止」の表現である**-(으)면 안 돼요**を疑問文で使うと「～したらだめですか？　～してはいけませんか？」と相手に許可を求める表現になります。

ゴヌ　ッシハンテ　マラミョン　アン　ドェヨ

- **건우 씨한테 말하면 안 돼요？**

  ゴヌさんに言ったらだめですか?

チョニョゲ　カミョン　アン　ドェ

- **저녁에 가면 안 돼？**

  夜行ったらだめ?

-아／어 주면 안 돼요？だと依頼表現

-(으)면 안 돼요?（～したらだめですか？）の前に**-아／어 주다**（～してくれる）がつくと、「～してくれませんか？」という軽い依頼の意味になります。

依頼

イ ゴ　ヘ　ジュミョン　アン　ドェヨ

이거 해 주면 안 돼요？

これしてくれませんか?

-(으)면 안 되다 を使いこなす練習をしよう!

Q.1 私も一緒に行ったらだめ?

나도 [   ]?

Q.2 浮気したらだめだよ。

[   ].

Q.3 人の物を勝手に触ってはいけませんよ。

남의 물건을 함부로 [   ].

Q.4 絶対忘れたらだめですよ。

절대 [   ].

Q.5 そんなこと言っちゃだめだよ。

그런 말 [   ].

Q.6 帰ってくる時、 牛乳買ってきてくれない?

집에 올 때 우유 좀 [   ]?

ヒント 依頼の-아/어 주면 안 돼? を使おう。

Answer

ナド　カチ　カミョン　アンドェ
나도 같이 가면 안 돼?

「一緒に」は같이。함께も「一緒に」を表しますが、文語的です。

バラムピウミョン　アンドェ
바람피우면 안 돼.

「浮気をする」바람피우다。誤用ですが会話ではよく피우다を피다と言います。

ナメ　ムルゴヌル　ハムブロ　マンジミョン　アン　ドェヨ
남의 물건을 함부로 만지면 안 돼요.

남 (他人)、함부로 (むやみに、やたらに)、만지다 (触る)。ここでの의は「～の」という意味なので[에]と発音。

チョルテ　イジョボリミョン　アン　ドェヨ
절대 잊어버리면 안 돼요.

「忘れる」を意味する単語はいろいろありますが、잊어버리다は「(約束、記憶などを) 忘れる」という意味です。

クロン　マル　ハミョン　アンドェ
그런 말 하면 안 돼.

그런 말(을) 하다で「そういうことを言う、そういう話をする」。그런 말 하지 마 (そんなこと言わないで) でも正解です。

チベ　オル　ッテ　ウユ　チョム　サダ　ジュミョン　アンドェ
집에 올 때 우유 좀 사다 주면 안 돼?

사다 주다は「買ってきてくれる (あげる)」。

-아／어야 되다
ア　オ ヤ　ド ェ ダ

[～しなければならない]

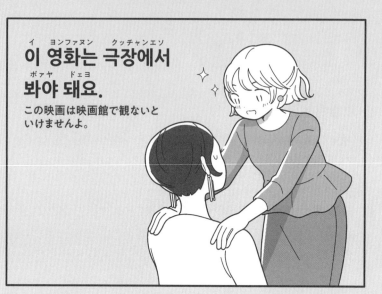

이 영화는 극장에서
イ　ヨンファヌン　クッチャンエソ

봐야 돼요.
ボァヤ　ドェヨ

この映画は映画館で観ないと
いけませんよ。

-아／어야 되다（～しなければならない）は、何かをする必要や義務が
あることを伝える時の表現。相手に必要性を訴えたり、強くすすめた
りする時にも使われます。

自分の必要や義務を伝える

> **내일 정장을 입고 가야 돼요.**
> ネイル　チョンジャンウル　イプコ　カヤ　ドェヨ
>
> 明日スーツを着て行かなくてはなりません。

相手に必要性を訴える

> **처음부터 다시 시작해야 돼요.**
> チョウムブト　タシ　シジャケヤ　ドェヨ
>
> 最初からもう一度始めなければいけませんよ。

動詞・形容詞の해요体から요をとり、**야 되다**をつけます。

動詞 만나다（会う）…만나 **+ 야 되다 →** 만나야 되다

形容詞 작다（小さい）…작아 **+ 야 되다 →** 작아야 되다

-아／어야 하다

되다を**하다**に変えても「～しなければならない」を意味します。厳密に言うと次のような違いがあります。

● 되다

「受身」の意味を含むので、周りの影響を受けてそうしなければならないニュアンス。

● 하다

自ら進んでそうしなければならないニュアンス。

実際は区別なく使われることが多いので、細かな違いを気にする必要はありません。どちらかといえば実際の会話では**되다**、文語では**하다**が好まれます。

ネイルッカジ　ヘ　ヤ　ドェヨ　　　　　　　ネイルッカジ　ヘ　ヤ　ヘ　ヨ
● **내일까지 해야 돼요. = 내일까지 해야 해요.**

明日までにしなければなりません。

もっと知りたい！

必要性を問われた時の答え方

내일까지 해야 돼요?（明日までにしなければなりませんか？）と聞かれた時の答え方も覚えておきましょう。

ネ　ヘ　ヤ　ドェヨ
네, 해야 돼요.

はい、しなければなりません。

アニヨ　アネド　ドェヨ
아니요, 안 해도 돼요.

いいえ、しなくてもいいですよ。

안 -아/어도 되다（～しなくてもよい）を使う。

-아/어야 되다 を使いこなす練習をしよう!

Q.1 マスクしないといけないよ。

마스크 ⬚.

Q.2 今日中に仕事を終わらせないといけません。

오늘 안에 일을 ⬚.

Q.3 早く食べて行かないといけません。

빨리 ⬚.

（ヒント）～して：-고（68ページ参照）。

Q.4 明日返さないといけないんだけど、 まだ見てない。

내일 ⬚ 아직 안 봤어.

（ヒント）～だけど：-는데（114ページ参照）。

Q.5 どのくらい待たなければなりませんか?

⬚ ?

Q.6 私が皿洗いしないといけないの?

내가 ⬚ ?

/ A n s w e r \

マスク ッソヤ ドェ ヘ

≫ **마스크 써야 돼(해).**

「マスクをする」は **마스크를 쓰다(끼다、하다)**。

オヌル アネ イルル ックンネヤ ドェヨ （ヘヨ）

≫ **오늘 안에 일을 끝내야 돼요(해요).**

「〜が終わる」は **-이／가 끝나다**。「〜を終える」は **-을／를 끝내다**。**오늘 안에** で「今日中に」を意味します。

ッパルリ モッコ ナガヤ ドェヨ （ヘヨ）

≫ **빨리 먹고 나가야 돼요(해요).**

먹고 나가다は「食べて出かける」。「早く」は表す副詞は**빨리**と**일찍**がありますが、「(時間をかけずに) 早く」の場合は**빨리**。

ネイル トゥルリョジョヤ ドェヌンデ （ハヌンデ） アジク アン ボァッソ

≫ **내일 돌려줘야 되는데(하는데) 아직 안 봤어.**

「(物、お金を) 返す」は **돌려주다**を使います。

オルマナ キダリョヤ ドェヨ （ヘヨ）

≫ **얼마나 기다려야 돼요(해요)?**

「どれくらい」は**얼마나**、「待つ」は**기다리다**を使います。

ネガ ソルゴジヘヤ ドェ （ヘ）

≫ **내가 설거지해야 돼(해)?**

「皿洗いをする」は **설거지(를) 하다**。

-아/어서① [~なので]

바로 옆에 편의점이
있어서 편리하네요.

すぐ横にコンビニがあるので便利ですね。

-아/어서 (～なので) は理由や原因を表します。類似の表現はいくつか
ありますが、-아/어서は客観的に理由を述べるニュアンスがあります。

 このような2つの文章を1つにするのが-아/어서の役割

너무 피곤해요. 그래서 집에서 쉬고 싶어요.

とても疲れています。 だから家で休みたいです。

↓

너무 피곤해서 집에서 쉬고 싶어요.

とても疲れているので家で休みたいです。

動詞・形容詞の**해요体**から**요**をとり、**서**をつけます。
  ■動詞■ **자다**(寝る)…**자 ＋ 서 → 자서**
  ■形容詞■ **없다**(ない)…**없어 ＋ 서 → 없어서**

-아／어서を使いこなすルール

-**아／어서**の文章にはいくつか決まりがあります。

❶ 後ろに命令文・勧誘文をつけられない

시끄러워서 조용히 하세요.（×）

❷ -아／어서の前に-았／었(過去)はつかない

たとえば「安かったので」と言いたくても、**싸다**(安い)を**쌌어서**と過去形にすると間違いです。

쌌어서（×）→ **싸서**（○）　安かったので

❸ 名詞の場合は接続が変わる

「○○(名詞)なので」の場合は、パッチムの有無で接続が変わります。また話し言葉と書き言葉で異なります。

	パッチム×	パッチム○
話し言葉	-라서	-이라서
書き言葉	-여서	-이어서

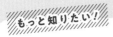
もっと知りたい！

受身は助詞に注意

「海を見る」と「海が見える」という場合、それぞれ使う助詞が異なるので、間違えないように注意しましょう。

<ruby>바다<rt>パダルル</rt></ruby>를 <ruby>보다<rt>ポダ</rt></ruby>／<ruby>바다<rt>パダガ</rt></ruby>가 <ruby>보이다<rt>ボイダ</rt></ruby>
海を見る／海が見える

<ruby>돈<rt>トヌル</rt></ruby>을 <ruby>모으다<rt>モウダ</rt></ruby>／<ruby>돈<rt>トニ</rt></ruby>이 <ruby>모이다<rt>モイダ</rt></ruby>
お金を貯める／お金が貯まる

-아/어서を使いこなす練習をしよう!

Q.1 寝坊して飛行機に乗り遅れました。

　　　　　　　　　　비행기를 놓쳤어요.

Q.2 うるさくて声がよく聞こえないよ。

　　　　　　　　　　목소리가 잘 안 들려.

Q.3 初めてなのでよくわかりません。

　　　　　　　　　　잘 모르겠어요.

（ヒント）-(이)라서を使おう。

Q.4 料理が口に合わなかったので、ちょっと苦労しました。

　음식이　　　　　　　　좀 고생했어요.

（ヒント）고생하다は「苦労する」。

Q.5 つまらなさすぎて、寝そうになったよ。

　너무　　　　　　　　잠들 뻔했어.

（ヒント）-(으)ㄹ 뻔했다（~しそうになった）。

Q.6 眠たいからです。（「何でそんなに元気ないの?」と聞かれて）

　　　　　　　　　　　.

（ヒント）-아/어서 그래요（~だからです）を使おう。

Answer

ヌッチャムル ジャソ ビヘンギルル ノチョッソヨ
늦잠을 자서 비행기를 놓쳤어요.

「寝坊をする」は늦잠(을) 자다。「乗り遅れる」は「逃す」という意味の놓치다で表します。

シックロウォソ モクソリガ チャル アン ドゥルリョ
시끄러워서 목소리가 잘 안 들려.

시끄럽다（うるさい）はㅂをとって -워서(우＋어서)をつけます（ㅂ変則活用）。안 들리다で「聞こえない」。

チョウミラソ チャル モルゲッソヨ
처음이라서 잘 모르겠어요.

처음（初めて）はパッチムありの名詞なので、-이라서をつけましょう。書き言葉は처음이어서になります。

ウムシギ イベ アン マジャソ チョム コセンヘッソヨ
음식이 입에 안 맞아서 좀 고생했어요.

「口に合わない」は입에 안 맞다と表現します。過去の話ですが、맞았어서とはなりません。음식（食べ物）は「料理」という意味でも使われます。

ノム チル ヘソ チャムドゥル ッポネッソ
너무 지루해서 잠들 뻔했어.

지루하다は「飽き飽きする、つまらない」。つまらなかったのは過去の話ですが、-아／어서がつきます。잠들다（眠る）。

チョルリョソ クレヨ
졸려서 그래요.

「眠い、眠たい」は졸리다。-아／어서 그래요は直訳だと「〜だからそうです」。軽いニュアンスで使われます。

文型
11

-(으)니까① [~だから]

추우니까 감기
조심하세요.
寒いので風邪に
気をつけてください。

-(으)니까（〜だから、〜なので）は主観的な理由や原因、理由をはっきりと示したい時に使用します。命令文や勧誘文が後ろにくる場合は、必ず接続詞に-(으)니까を使います。

 このような2つの文章を1つにするのが-(으)니까の役割

아이가 자고 있어요. 그러니까 조용히 하세요.
子供が寝ています。 だから静かにしてください。

↓

[
아이가 자고 있으니까 조용히 하세요.
子供が寝ているので静かにしてください。
]

動詞・形容詞に接続。原形から**다**をとりパッチムがない場合は**니까**、ある場合は**으니까**をつけます。

パッチム無 타다（乗る）…타 **＋** 니까 **→** 타니까

パッチム有 많다（多い）…많 **＋** 으니까 **→** 많으니까

似ている-**아／어서**との違いとは？

60ページの-**아／어서**（〜なので）も理由を表しますが、-**아／어서**は感情を入れず、理由のみ淡々と述べる、-**(으)니까**は自分の考えや理由を強調するというニュアンスの違いがあるほか、次のような違いがあります。

	-**아／어서**	-**(으)니까**
命令文・勧誘文	一緒に使えない	一緒に使える
過去(-**았/었**)	使えない	使える

タソッシエ　シジャカニッカ　シップン　ジョンッカジ　オセヨ
● **5시에 시작하니까 10분 전까지 오세요.**

5時に始まるので10分前に来てください。

後ろが命令形なので-**아／어서**を使うことはできません。

コンブルル　アネソ　シホメ　ットロジョッソヨ
● **공부를 안 해서 시험에 떨어졌어요.**

勉強をしなかったので試験に落ちました。

공부를 안 했으니까でもOK。-**(으)니까**を使いすぎると、主張が強い印象を与えてしまうので注意。

(으)니까とセットでよく使われる表現

（ウ）ニッカ
-**(으)니까** ＋

- （ウ）セヨ
  -**(으)세요.**（〜してください）
- ア　オヨ
  - **아／어요.**（〜しましょう）
- （ウ）ルッカヨ
  -**(으)ㄹ까요?**（〜しましょうか？）
- ヌン　ゲ　オッテヨ
  - **는 게 어때요?**（〜するのはどうですか？）

-(으)니까 を使いこなす練習をしよう！

Q.1 今日雨降るから傘持って行って。

오늘 [　　　　　] 우산 가져가.

Q.2 怖いからほかの見ようよ！

[　　　　　] 딴 거 보자!

Q.3 熱いので、気をつけてくださいね。

[　　　　　] 조심하세요.

Q.4 心配してくれてありがとう。

[　　　　　] 고마워.

(ヒント) ～してくれる：-아／어 주다（134ページ参照）。

Q.5 今お腹がいっぱいなので、後で食べますね。

지금 [　　　　　] 이따 먹을게요.

Q.6 いつも仕事ばかりしてるから、ストレスたまるよ。

맨날 [　　　　　] 스트레스 받아.

/ A n s w e r \

オヌル ビ オニッカ ウサン カジョガ
오늘 비 오니까 우산 가져가.

「雨が降る」は비가 오다。後ろが命令文なので-(으)니까を使います。가져가다は「持っていく」。

ムソウニッカ ッタン ゴ ボジャ
무서우니까 딴 거 보자!

무섭다 (怖い) はㅂをとって우니까をつけます (ㅂ変則活用)。딴-は「ほかの、別の」という意味で다른-と同じ使い方。

ットゥゴウニッカ チョシマセヨ
뜨거우니까 조심하세요.

「熱い」は뜨겁다。こちらもㅂが脱落します (ㅂ変則活用)。ちなみに「暑い」は덥다、「厚い」は두껍다です。しっかりと使い分けしましょう。

コクチョンヘ ジョソ コマウォ
걱정해 줘서 고마워.

「~してくれてありがとう」「~してすみません」は-(으)니까でなく、-아／어서を用います。例) 늦어서 죄송해요. (遅れてすみません)。

チグム ペブルニッカ イッタ モグルケヨ
지금 배부르니까 이따 먹을게요.

배고프다 (お腹がすく) の反対は배부르다 (お腹がいっぱい)。「後で」は이따 (가)を使います。

メンナル イルマン ヘソ ストゥレス パダ
맨날 일만 해서 스트레스 받아.

일만 해서は일만 하니까でもOK。만は「~だけ」のほかに「~ばかり」という意味もあります。맨날 (いつも) は会話でよく登場する副詞。

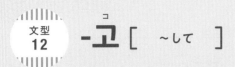

文型 12 -고 [コ ~して]

ホンデド　カゴ　シプコ
홍대도 가고 싶고
カンナムド　カゴ　シポ
강남도 가고 싶어!

ホンデも行きたいし
カンナムにも行きたい!

-고（~して）は 2 つ以上のものを並べる時や動作の順番を表す時に使います。次のように、文章をつなげる働きをします。上の例文はタメ口ですが、語尾に「요」をつけるとていねいな印象になります。

 2つ以上のものを並べる → 並列

イェッポヨ　　クリゴ　ソンキョクト　チョアヨ
예뻐요. 그리고 성격도 좋아요.
かわいいです。 そして性格もいいです。

↓

イェップゴ　　ソンキョクト　　チョアヨ
예쁘고 성격도 좋아요.
かわいくて性格もいいです。

前の動作が完了し次の動作を行う → 順番

<ruby>公<rt>コン</rt></ruby><ruby>夫<rt>ブ</rt></ruby>해요. 그리고 자요.
コンプヘヨ　クリゴ　ジャヨ

勉強します。 そして寝ます。

↓

> 공부하고 자요.
> コンプハゴ　ジャヨ
>
> 勉強して寝ます。

接続のルール

動詞・形容詞の原形から**다**をとり、**고**をつけます。
動詞　닫다(閉める)…닫 ＋ 고 → 닫고
形容詞　아프다(痛い)…아프 ＋ 고 → 아프고

-고の後に나서が来ると?

-고 나다（~し終える）＋**아／어서**で「~してから」の意味。**-고**と使い方は同じですが、**-고**より前の動作の完了をはっきりと表します。

● 운동하고 낮잠을 잤어요.
ウンドンハゴ　ナッチャムル　ジャッソヨ

運動をして昼寝をしました。

時間の「前後関係」を強調

● 운동하고 나서 낮잠을 잤어요.
ウンドンハゴ　ナソ　ナッチャムル　ジャッソヨ

運動してから昼寝をしました。

動作の「完了」を強調

もっと知りたい!

-고のネイティブ発音に注意!

ネイティブの会話では**-고**を**-구**と発音することがあります。

이거 다 먹고(먹구) 나가자. これ全部食べて出かけよう。
イゴ　タ　モッコ(モック)　ナガジャ

-고/-고 나서를 使いこなす練習をしよう!

Q.1 歌も上手だし演技も上手だなぁ。

노래도 [   ] 연기도 잘하네.

Q.2 化粧品も買いたいし、服も買いたい。

[   ] 옷도 사고 싶어.

Q.3 とりあえずお風呂に入ってから準備するよ。

일단 좀 [   ] 준비하려고.

ヒント -고 나서를 使おう。

Q.4 携帯見るのやめて、もう寝なきゃ。

폰 그만 [   ] 이제 자야겠다.

ヒント 폰は핸드폰(携帯電話)の略語。

Q.5 その話を聞いてから考えが変わりました。

그 이야기를 [   ] 생각이 바뀌었어요.

ヒント -고 나서를 使おう。

Q.6 明日何を着て行こうかな?

내일 [   ] 가지?

音声もCHECK!

┌─ A n s w e r ─┐

ノレド　チャラゴ　ヨンギド　チャラネ
≫ **노래도 잘하고 연기도 잘하네.**

잘하다は「上手だ、得意だ」。**노래도 잘하고**の代わりに**부르다**（歌う）を使って**노래도 잘 부르고**でもOK。

ファジャンプムド　サゴ　シプコ　オット　サゴ　シポ
≫ **화장품도 사고 싶고 옷도 사고 싶어.**

「～したいし」は**-고 싶다**（～したい）**+고**で表します。「化粧品」は**화장품**。

イルタン　チョム　ッシッコ　ナソ　ジュンビハリョゴ
≫ **일단 좀 씻고 나서 준비하려고.**

씻다（洗う）は「お風呂に入る」という意味にもなります。**일단**（一旦）は「とりあえず」の意味。

ポン　クマン　ボゴ　イジェ　チャヤゲッタ
≫ **폰 그만 보고 이제 자야겠다.**

그만（+動詞）は「（それくらいで～するのを）やめる」という意味。
例）**술 그만 마셔.**（お酒はそのくらいで飲むのをやめて）。

ク　イヤギルル　トゥッコ　ナソ　センガギ　パックィオッソヨ
≫ **그 이야기를 듣고 나서 생각이 바뀌었어요.**

「～が変わる」は**-이/가 바뀌다**と表現します。

ネイル　ムォル　イプコ　カジ
≫ **내일 뭘 입고 가지?**

「着て行く」は**입고 가다**（**입다** 着る**+가다** 行く）。**뭘**は**무엇을**（何を）の縮約形です。

-아／어서② [~して]

우리 만나서 얘기하자.
僕たち会って話そう。

-아／어서は理由を表す「～なので」（60ページ）以外に、「～して」と訳すことができます。この場合、先の行動があってその状態を保ちながら次の行動をするイメージ。「～している状態で」というニュアンスがあります。

● 선물을 사서 여자 친구에게 줬어요.
①プレゼントを買って → ②（それを）彼女にあげました。

● 돈을 모아서 차를 사고 싶어요.
①お金を貯めて → ②（そのお金で）車を買いたいです。

動詞に接続。動詞の**해요**体から**요**をとり、語幹に**서**をつけます。

パッチム無 오다（来る）…**와**＋**서 → 와서**

パッチム有 찍다（撮る）…**찍어**＋**서 → 찍어서**

-고 vs -아/어서

「～して」を表すもう1つの表現、**-고**（68ページ）との違いを見てみましょう。**-아/어서**は前後の文章が切っても切れない関係にあるのが特徴です。一方、**-고**は単なる動作や状態を羅列したり、時間的順序（～してからそして、というニュアンス）を表します。

▶ 「友だちに会って買い物をしました」という場合

チングルル　マンナソ　ショピンヘッソヨ
친구를 만나서 쇼핑했어요.

友だちに会って（その友だちと）買い物をしました。

「○○に会って（その人と～する）」という時は**만나서**を使います。

チングルル　マンナゴ　ショピンヘッソヨ
친구를 만나고 쇼핑했어요.

友だちに会って買い物しました。

買い物は一人で？　誰と？　友だちと一緒に買い物をしていないニュアンスも含みます。

もっと知りたい！

-(이)나は意味がたくさん！

▶ ～や、～か（2つ以上の名詞を並べる）
テクシナ　ボスルル　タヨ
택시나 버스를 타요.
タクシーかバスに乗ります。

▶ ～でも（満足はしていないが何かを選択する）
チェギナ　イルグルッカ
책이나 읽을까？
本でも読もうか？

▶ ～も（予想より数量が多い）
ヨルシガニナ　チャッソ
10시간이나 잤어？
10時間も寝てた？

▶ ～くらい（程度を表す）
ミョッシガニナ　コルリョヨ
몇 시간이나 걸려요？
何時間くらいかかりますか？

-아/어서 を使いこなす練習をしよう!

Q.1 家に帰って休みたいな。

[　　　　　　] 쉬고 싶어.

Q.2 明日早起きして宿題しなきゃ。

내일 [　　　　　　] 숙제해야겠다.

(ヒント) 早起きする→早く起きる。

Q.3 横になって映画でも見ようかな?

[　　　　　　] 영화나 볼까?

Q.4 時間がなくて髪だけ洗って出勤しました。

시간이 없어서 [　　　　　　] 출근했어요.

(ヒント) ~だけ: -만。

Q.5 ケーキを作ってプレゼントしたら喜ぶよね?

[　　　　　　] 선물하면 좋아하겠지?

Q.6 靴を脱いでお入りください。

[　　　　　　] 들어오세요.

/ A n s w e r \

チベ　カソ　シュイゴ　シポ
>> 집에 가서 쉬고 싶어.

「～に行って／来て（その場所で何かをする）」場合は**가서／와서**を用います。

ネイル　イルッチク　イ ロ ナソ　スッチェヘヤゲッタ
>> 내일 일찍 일어나서 숙제해야겠다.

「起きて～をする」は**-아／어서**で表します。「（いつもの時間より）早く」は**일찍**を使います。

ヌウォソ　ヨンファナ　ボルッカ
>> 누워서 영화나 볼까?

「横になる」は**눕다**。横たわった状態のまま映画を見るので**-아／어서**。ここでの**-(이)나**は「～でも」の意。

シガ ニ　オプソソ　モリマン　ッカムコ　チュルグネッソヨ
>> 시간이 없어서 머리만 감고 출근했어요.

「（髪を）洗う」は**감다**。「髪を洗う→出勤する」と時間的順序を表しているだけなので**-고**が正解。「（手や体を）洗う」は**씻다**を使います。

ケイクルル　マンドゥロソ　ソンムラミョン　チョアハゲッチ
>> 케이크를 만들어서 선물하면 좋아하겠지?

「作って（それを）プレゼントする」ので、**만들어서**。「買って（それを）あげる」時は**사서**となります。

シンバルル　ボッコ　トゥロオセヨ
>> 신발을 벗고 들어오세요.

벗다（脱ぐ）、**입다**（着る）、**신다**（履く）などの着脱動詞は**-고**を用いるので注意！**타다**（乗る）も**타고**（乗って）となります。

-(으)ㄹ 수 있다／없다

_{ウル ス イッタ オプタ}

[～できる・～できない]

걱정하지 마.
_{コクチョンハジ マ}

잘할 수 있어！
_{チャラル ス イッソ}

心配しないで
うまくやれるよ!

※-지 마(～しないで)

-(으)ㄹ 수 있다／없다の수は「方法、手段」のこと。直訳は「～する方法がある／ない」となり「～できる／できない」を意味します。上の例文はタメ口ですが、語尾に「요」をつけるとていねいな印象になります。

● 영어를 할 수 있어요.
_{ヨンオルル ハルス イッソヨ}

英語ができます。

「～ができる／できない」の時の助詞「～が」は-을／를(～を)を使うので注意。
영어가 할 수 있어요は間違いです。

● 지금은 안에 들어갈 수 없어요.
_{チグムン アネ トゥロガル ス オプソヨ}

今は中に入れません。

動詞に接続。動詞の原形から**다**をとりパッチムがない場合は**ㄹ 수 있다**／**없다**、ある場合は**을 수 있다**／**없다**をつけます。

パッチム無 만나다 (会う)…만나 **+ ㄹ 수 있다** → **만날 수 있다**／**없다**
パッチム有 찍다 (撮る)…찍 **+ 을 수 있다** → **찍을 수 있다**／**없다**

もう1つの「できない」못-

動詞の前に**못-**がつくと「～できない(不可能)」と言うことができます。
ㅅは発音変化しやすいので注意しましょう

- モン モゴヨ
못 먹어요 [発音:몬머거요] = **먹을 수 없어요**
食べられません。

- モ テヨ
못 해요 [発音:모태요] = **할 수 없어요**
できません。

- モン ニルゴヨ／モディルゴヨ
못 읽어요 [発音:몬닐거요／모딜거요] = **읽을 수 없어요**
読めません。

もっと知りたい!

不得意の表現

못하다は「下手だ、不得意だ」という意味。得意な場合は**잘하다**(上手だ、得意だ)を使いましょう。

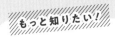

ノレルル チャレヨ
노래를 잘해요.
歌が上手です。

↔

ノレルル チャル モテヨ
노래를 잘 못해요.
歌があまり上手ではありません。

ノレルル モテヨ
노래를 못해요.
歌が下手です。

-(으)ㄹ 수 있다/없다、못 を使いこなす練習をしよう!

Q.1 咳のせいで、寝られませんでした。

기침 때문에 [   ].

ヒント 못-を使おう。

Q.2 すごく疲れていて朝起きられなかった。

너무 피곤해서 아침에 [   ].

Q.3 うるさくて集中できない!

시끄러워서 [   ]!

Q.4 ボールペンちょっとお借りできますか?

볼펜 좀 [   ]?

Q.5 私お酒飲んだから、運転できないよ。

나 술 마셔서 [   ].

ヒント 못-を使おう。

Q.6 辛い食べ物は苦手です。

매운 음식은 [   ].

ヒント 못-を使おう。

Answer

キチム　ッテムネ　モッ　チャッソヨ
기침 때문에 못 잤어요.

「寝られない」は **못 자다**。名詞＋때문에は「〜のせいで、〜のために」を意味し、おもに否定的なニュアンスで使われます。

ノム　ピゴネソ　アチメ　イロナル　ス　オプソッソ
너무 피곤해서 아침에 일어날 수 없었어.

못 일어났어でも正解。**못 일어나다**（起きられない）の発音は **[몬니러나다／모디러나다]** となります。

シックロウォソ　チプチュンハル　スガ　オプソ
시끄러워서 집중할 수가 없어!

「集中する」は **집중하다**。-(으)ㄹ 수の後に가がつくと、強調を表します。

ボルペン　チョム　ビルリル　ス　イッスルッカヨ
볼펜 좀 빌릴 수 있을까요?

빌리다（借りる）。-(으)ㄹ 수 있을까요？は（〜できるでしょうか？）。

ナ　スル　マショソ　ウンジョン　モ　テ
나 술 마셔서 운전 못 해.

못 운전해は間違い。**못**は하다（する）の前につけます。たとえば「仕事できない」は **못 일하다**ではなく **일(을) 못 하다**が正解。

メウン　ウムシグン　チャル　モン　モゴヨ
매운 음식은 잘 못 먹어요.

잘 못-で「〜があまり上手（得意）ではない」を意味します。

-(이)요 [～です・～ですか?]

민호 씨요?
집에 갔는데요.

ミノさんですか?
家に帰りましたけど。

名詞＋(이)요は日常会話でよく耳にする表現の１つ。「～です」を意味し、質問に答える時など相手に短く用件を伝えたい時に用います。

● 비빔밥 하나 주세요. → 비빔밥 하나요.

ビビンパ１つください。

「ビビンパ」だけでも言いたいことが容易に想像できるので、**주세요**を省略します。

Ⓐ 그 얘기 들었어요?

あの話聞きましたか?

Ⓑ 무슨 얘기요?

何の話ですか?

名詞**얘기**の後に**요**をつけるとていねいな印象。

名詞に接続。パッチムがない場合は**요**、ある場合は**이요**をつけます。

パッチム無 제주도(チェジュ島)…제주도＋요 → 제주도요
パッチム有 두 명(2人)…두 명＋이요 → 두 명이요

※名詞にパッチムがあっても요のみつく場合もあります(例:두 명요)

名詞以外にもつく-요

助詞や副詞などはパッチムの有無に関係なく、**요**をつけます。接続詞や疑問詞にもつけることができます。

チョドヨ 저도요. 私もです。	ットヨ 또요? またですか?	クレソヨ 그래서요? それで?	オンジェヨ 언제요? いつですか?

ハングク トゥラマルル チャジュ ボァヨ
Ⓐ **한국 드라마를 자주 봐요.**

韓国ドラマをよく見てます。

イルボン ドゥラマヌンニョ
Ⓑ **일본 드라마는요?**

日本のドラマは？

일본 드라마는 봐요?(日本のドラマは見ますか?)の略文です。
-는(〜は)＋요の発音は[는뇨]。

もっと知りたい!

日本語の 「あれ」 は韓国語で?

お互い知っているけど、今その場にいない人やない物の話をする時、日本語では「あの(人)」「あれ」と言いますよね。韓国語では그(その)、그거(それ)で表します。

アッカ ク サラム ヨネイン アニエヨ
아까 그 사람, 연예인 아니에요?

さっきのあの人、芸能人じゃないですか?

クゴ カジゴ ワッソ
그거 가지고 왔어?

あれ持ってきた?

-(이)요 を使いこなす練習をしよう!

Q.1 さぁ、私もよくわからないのですが。

⬚⬚⬚⬚⬚⬚⬚⬚⬚ , 저도 잘 모르겠는데요.

Q.2 今日会うことにしたんですか? どこで?

오늘 만나기로 했어요? ⬚⬚⬚⬚⬚⬚⬚ ?

Q.3 2階です(「何階にいますか?」と聞かれて)。

⬚⬚⬚⬚⬚⬚⬚⬚ .

Q.4 どれですか? これですか?(「それ貸して」と言われて)。

⬚⬚⬚⬚⬚⬚⬚ ? ⬚⬚⬚⬚⬚⬚⬚ ?

Q.5 私ですか? 仁川です(「故郷はどこですか?」と聞かれて)。

⬚⬚⬚⬚⬚⬚⬚ ? ⬚⬚⬚⬚⬚⬚⬚ .

Q.6 高校の時からです(「いつから習っているの?」と聞かれて)。

⬚⬚⬚⬚⬚⬚⬚⬚ .

ヒント ～の時: -때。

――― A n s w e r ―――

> クルッセヨ　チョド　チャル　モルゲンヌンデヨ
> **글쎄요, 저도 잘 모르겠는데요.**

「さあ」は**글쎄(요)**。返答に困った時やわからない時によく使います。

> オヌル　マンナギロ　ヘッソヨ　　オディソヨ
> **오늘 만나기로 했어요? 어디서요?**

「どこで」は**어디서(어디에서)＋요**。**-기로 하다**は決定の「～することにする」
を表します。

> イチュンイヨ
> **2층이요.**

「～階」は**-층**。漢数詞（**일、이、삼**…）を合わせて使います。

> オヌ　ゴヨ　　イゴヨ
> **어느 거요? 이거요?**

어느（どの）＋**거**（もの）→ **어느 거**（どれ）の意味になります。

> チョヨ　　インチョニヨ
> **저요? 인천이요.**

ほかにも**제가요?**（私が？）、**저한테요?**（私に？）、**저랑요?**（私と？）といっ
た表現もあります。

> コドゥンハッキョ　ッテブトヨ
> **고등학교 때부터요.**

「高校」は**고등학교**。「○○の時から」は名詞＋**때부터**を使います。

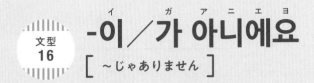

-이／가 아니에요
_{イ ガ アニエヨ}

[～じゃありません]

_{ヨジャ チングガ アニエヨ}
여자 친구가 아니에요.
_{クニャン チングエヨ}
그냥 친구예요.

彼女ではありません。
ただの友だちです。

-이／가 아니에요は-예요／이에요(〜です)の否定表現。「〜では、〜じゃ」の部分は-이／가 (〜が)を置きますが、会話ではしばしば省略されます。

- _{コギガ アニエヨ} _{コギ アニエヨ}
  거기가 아니에요. → **거기 아니에요.** ^(가を省略)
  そこではありません。

- _{サムチュンイ アニエヨ} _{サムチュン アニエヨ}
  3층이 아니에요. → **3층 아니에요.** ^(이を省略)
  3階じゃありません。

名詞に接続。パッチムがない場合は**가 아니에요**、ある場合は**이 아니에요**をつけます。

パッチム無 광고（広告）…광고 ＋ 가 아니에요 ➡ 광고가 아니에요

パッチム有 쉬운 일（簡単なこと）

…쉬운 일 ＋ 이 아니에요 ➡ 쉬운 일이 아니에요

-이／가 아니라（～ではなく）を使いこなす

A **이／가 아니라** B は「AではなくてB」の意。**-이／가 아니라**（～ではなく）を使って2つの文を1つにできます。

ヨギガ　アニエヨ　チョギエヨ
● **여기가 아니에요. 저기예요.** ➡

ヨギガ　アニラ　チョギエヨ
여기가 아니라 저기예요.

ここではなくてあそこです。

ソグミ　アニエヨ　ソルタンイエヨ
● **소금이 아니에요. 설탕이에요.** ➡

ソグミ　アニラ　ソルタンイエヨ
소금이 아니라 설탕이에요.

塩じゃなくて砂糖です。

もっと知りたい！

아니다の慣用表現

아니다の定番フレーズを紹介します。

▶장난(이) 아니다
すごい、やばい

バラム　チャンナン　アニネ
바람 장난 아니네.
風すごいね。

▶별거 아니다
大したことない

ピョルゴ　アニエヨ　コクチョン　マセヨ
별거 아니에요! 걱정 마세요.
大したことないですよ！心配しないでください。

-이/가 아니에요 を使いこなす練習をしよう!

Q.1 絶対そんな人ではありません。

절대 [　　　　　　　　].

Q.2 もらったんだけど、 私の好みじゃない。

받았는데 [　　　　　　　　].

ヒント タメロ表現の-이/가 아니야を使おう。

Q.3 嘘じゃなくて本当だってば!

[　　　　　　　　] 진짜라니까!

ヒント -이/가 아니라を使おう。

Q.4 正解は2番ではなく3番です。

정답은 [　　　　　　　　] 3번입니다.

ヒント -이/가 아니라を使おう。 정답は漢字で「正答」。

Q.5 いや、 そうじゃなくて…。

아니, [　　　　　　　　] ….

Q.6 あの、 もしかしてミヌさんではありませんか?

저기, [　　　　　　　　] ?

╱ A n s w e r ╲

> チョルテ　クロン　サラミ　アニエヨ
> ## 절대 그런 사람이 아니에요.

「そんな〇〇（名詞）」は**그런 〇〇**で表します。

> パダンヌンデ　ネ　チュイヒャンイ　アニヤ
> ## 받았는데 내 취향이 아니야.

취향（趣向）は「好み」のこと。**아니에요**のタメ口は**아니야(아냐)**になります。

> コジンマリ　アニラ　チンッチャラニッカ
> ## 거짓말이 아니라 진짜라니까!

「嘘」は**거짓말[거진말]**。〇〇（名詞）＋**(이)라니까**は「〇〇だってば」という意味になります。

> チョンダブン　イボニ　アニラ　サムボニムニダ
> ## 정답은 2번이 아니라 3번입니다.

漢数詞（**일、이、삼**）＋**번**だと「〜番」、固有数詞（**한、두、세**）＋**번**だと「〜回」になります。

> アニ　クゲ　アニラ
> ## 아니, 그게 아니라 ….

日常会話でよく使う言い回し。**그게**は**그것이**（それでは）の縮約形です。

> チョギ　ホッシ　ミヌ　ッシ　アニセヨ
> ## 저기, 혹시 민우 씨 아니세요?

아니세요？は**아니에요？**の敬語。**혹시**（もしかして）の後ろには疑問文が続くのが一般的です。

文型
17

-이 / 가 되다 [～になる]

_{イ ガ ドェダ}

뭐라고?
_{ムォラゴ}

가수가 되고 싶다고?
_{カ ス ガ ドェコ シプタゴ}

何ですって？ 歌手になりたいって？

「なります」（現在形）は**돼요(되+어요)**、「なりました」（過去形）は**됐어요(되+었어요)**で表します。「〜に」を表す助詞は**-에**が一般的ですが、**되다**につく場合の助詞は**-이/가**（〜が）になります。上の例文では、**-이/가 되다**（〜になる）の文型に、**-고 싶다**（〜したい）をつないでいます（次ページ参照）。

● 친구가 됐어요. (○)
_{チングガ ドェッソヨ}

　友だちになりました。

● 친구에 됐어요. (×)

接続のルール

名詞に接続。パッチムがない場合は**가 되다**、ある場合は**이 되다**をつけます。

パッチム無 부자（金持ち）…부자 **＋ 가 되다 →** 부자가 되다

パッチム有 여름（夏）…여름 **＋ 이 되다 →** 여름이 되다

-이／가 되다 を使いこなそう

-이／가 되다の語尾を変えてさまざまな表現ができます。

イ／ガ ドェヌン **-이／가 되는-** ～になる（＋名詞）	カスガ ドェヌン ックム **가수가 되는 꿈** 歌手になる夢
イ／ガ ドェミョン **-이／가 되면** ～になったら	カスガ ドェミョン **가수가 되면** 歌手になったら
イ／ガ ドェゴ シポヨ **-이／가 되고 싶어요.** ～になりたいです	カスガ ドェゴ シポヨ **가수가 되고 싶어요.** 歌手になりたいです。
イ／ガ ドェル コエヨ **-이／가 될 거예요.** ～になるつもりです／ ～になるでしょう	カスガ ドェル コエヨ **가수가 될 거예요.** 歌手になるつもりです。／ 歌手になるでしょう。

もっと知りたい！

ネイティブだって間違える「되」と「돼」

되다の해요体（228ページ）は**돼요**が正解。**돼요**を**되요**と書くネイティブを見かけますが、これはもちろん誤り。迷った時は**되다**を**하다**に置き換えてみましょう（하→되、해→돼）。たとえば「～して」の고がつく場合は**하고**。해고とは言いませんよね。ですから**되다**も돼고ではなく**되고**が正解です。

-이/가 되다 を使いこなす練習をしよう!

Q.1 20歳になりました。

　　　　　　.

ヒント ~歳: -살。

Q.2 子供がもう3年生になりました。

아이가 벌써 　　　　　　.

ヒント ~年生: -학년。

Q.3 小さい時からデザイナーになりたかったです。

어렸을 때부터 　　　　　　.

Q.4 医者になるのが夢なんだ。

　　　　　　 꿈이야.

ヒント ~するのが: -는 게。

Q.5 春になったら旅行に行こう。

　　　　　　 여행 가자.

ヒント ~たら: -(으)면 (110ページ参照)。

Q.6 あそこ9時になったら閉まるよ。

거기 　　　　　　 **문 닫아.**

―― Answer ――

スム サリ ドェッソヨ
≫ 스무 살이 됐어요.

스물（20）+ **살**は스물のㄹが落ち**스무**になります。会話では**스무 살 됐어요**というように、**-이／가**を省略することもあります。

アイガ ボルッソ サマンニョニ ドェッソヨ
≫ 아이가 벌써 3학년이 됐어요.

일학년（1年生）、**이학년**（2年生）、**삼학년**（3年生）…と表します。**학년**（学年）の発音は**[항년]**。

オリョッスル ッテブト ティジャイノガ ドェゴ シボッソヨ
≫ 어렸을 때부터 디자이너가 되고 싶었어요.

「なりたかったです」は**되다**に**-고 싶었어요**（〜したかったです）をつなげます。

ウィサガ ドェヌン ゲ ックミヤ
≫ 의사가 되는 게 꿈이야.

「夢」は**꿈**。「夢でした」と過去形で言いたい時は**꿈이었어요**になります。

ボミ ドェミョン ヨヘン カジャ
≫ 봄이 되면 여행 가자.

「春」は**봄**。「春になる」といった季節の移り変わりも**-이／가 되다**で表せます。

コギ アホブシ(ガ) ドェミョン ムン タダ
≫ 거기 9시(가) 되면 문 닫아.

문(을) 닫다は直訳だと「ドアを閉める」ですが、「店を閉める、店をたたむ」という意味でも使われます。

紛らわしい韓国語を覚えよう

韓国語には①文字も意味もそっくり、②文字が似ているのに意味が全然違う……など紛らわしい単語があります。ここでしっかり覚えておきましょう。

←──(似ているけど違う)──→

サイジュガ チャクタ **사이즈가 작다** サイズが 小さい	ヤンイ チョクタ **양이 적다** 量が 少ない
イルル シュイダ **일을 쉬다** 仕事を 休む	ムンジェガ シュイプタ **문제가 쉽다** 問題が 簡単だ
カバンエ ノタ **가방에 넣다** かばんに 入れる	チェクサンエ ノタ **책상에 놓다** 机に 置く
イルムル イジョボリダ **이름을 잊어버리다** 名前を 忘れる	チガブル イロボリダ **지갑을 잃어버리다** 財布を なくす
コピガ ットゥゴプタ **커피가 뜨겁다** コーヒーが 熱い	チェギ トゥッコプタ **책이 두껍다** 本が 厚い
ソリガ トゥルリダ **소리가 들리다** 声が 聞こえる	チング チベ トゥルルダ **친구 집에 들르다** 友だちの 家に 立ち寄る

(CHAPTER 2)

理解できること、
言いたいことが広がる!

必須表現 23

本章には、推測や提案、念押しといった
思いをより伝えるための表現を
まとめました。言いたいことが言える
楽しさを味わってください。

-는 [～している（～する）～]

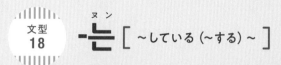

イゴ　チェガ　チェイル
이거 제가 제일
チョアハヌン　　ワイニエヨ
좋아하는 와인이에요.
これ、私が一番好きなワインです。

「（来年）通う＋学校」「学んでいる＋語学」など、後にくる名詞を修飾するのが連体形。韓国語を使いこなす上で欠かすことのできない重要な表現です。まずは現在のことを表す連体形の「～している、～する（＋名詞）」を覚えましょう。先に接続のルールを解説します。

接続のルール

> 動詞に接続する場合は、パッチムの有無に関係なく、原形から**다**をとり**는**をつけます。
>
> **하다**（する）…**하**＋**는**➡**하는**　　**입다**（着る）…**입**＋**는**➡**입는**

パッチムなし

チャジュ　ハヌン　ニル
자주 하는 일 よくすること

パッチムあり

チャジュ　イムヌン　オッ
자주 입는 옷 よく着る服

動詞に ㄹ のパッチムがある場合

ウリガ　　サヌン　　　チプ
우리가 사는(살는✗) 집
私たちが住んでいる家

살다（住む）のように語幹に **ㄹ** のパッチムがある場合は、**ㄹ** をとり **는** をつけます（**ㄹ** 変則活用）。

形容詞の連体形を覚えよう

「大きな＋家」「かわいい＋猫」など、形容詞でも連体形を作ることができます。動詞とは違う接続をします。

接続のルール

形容詞に接続する場合は原形から**다**をとりパッチムがない場合は**ㄴ**、ある場合は**은**をつけます。

パッチム無 **크다**(大きい)…**크＋ㄴ → 큰**

パッチム有 **작다**(小さい)…**작＋은→작은**

パッチムなし

キガ クン サラム
키가 큰 사람 背が高い人

パッチムあり

キガ チャグン サラム
키가 작은 사람 背が低い人

있다／없다には는がつく

ヨジュム チェミインヌン ドゥラマ イッソヨ
요즘 재미있는 드라마 있어요?

最近面白いドラマありますか？

있다、**없다**(専門用語では存在詞)には**는**がつきます。

もっと知りたい！

「書く」だけじゃない쓰다の意味

韓国語には１つで複数の意味を持つ単語があります。**쓰다**もその１つ。**쓰다**は以下のようにさまざまな意味で使われます。

イルムル ッスダ
이름을 쓰다 名前を書く

モジャルル ッスダ
모자를 쓰다 帽子をかぶる

ウサヌル ッスダ
우산을 쓰다 傘をさす

カドゥルル ッスダ
카드를 쓰다 カードを使う

アンギョンウル ッスダ
안경을 쓰다 眼鏡をかける

ヤギ ッスダ
약이 쓰다 薬が苦い

-는 · -(으)ㄴ を使いこなす練習をしよう！

Q.1 もっと大きいのないかな？

더 [   ] 없나?

Q.2 韓国の歌で、好きな歌ありますか？

한국 노래 중에서 [   ] 있어요?

Q.3 初耳なんだけど！

[   ]！

ヒント 初耳 → 初めて聞く話。

Q.4 最近ちょっとつらいことがあったんです。

요즘 좀 [   ]이 있었어요.

Q.5 使わない物は捨てよう。

[   ]은 버리자.

ヒント 「物」は물건(들)。

Q.6 おいしいもの食べてる時が一番幸せ。

[   ] 먹을 때가 제일 행복해.

096

── Answer ──

トクン ゴ オムナ

≫ 더 큰 거 없나?

거(것)は「もの」という意味。「小さいもの」は작은 거と表します。 없나の나は「～かな？」

ハングン ノレ ジュンエソ チョアハヌン ノレ イッソヨ

≫ 한국 노래 중에서 좋아하는 노래 있어요?

좋아하다(好きだ)は動詞なので -는をつけます。 -중에(서)は「～の中で」の意味。

チョウム トゥンヌン イェギンデ

≫ 처음 듣는 얘긴데!

「初耳」は처음 듣는 얘기（初めて聞く話）と表します。 얘긴데は얘기인데（話なんだけど）の略。

ヨジュム チョム ヒムドゥン ニ リ イッソッソヨ

≫ 요즘 좀 힘든 일이 있었어요.

힘든 일は「大変なこと、つらいこと」。 힘들다（大変だ、つらい）の ㄹ は脱落して ㄴ がつきます。

アン ッスヌン ムルゴンドゥルン ボリジャ

≫ 안 쓰는 물건들은 버리자.

물건（物）들の들は「～たち」という意味です。韓国語では人以外にも -들をつけることがあります。

マシンヌン ゴ モグル ッテガ チェイル ヘンボケ

≫ 맛있는 거 먹을 때가 제일 행복해.

행복（幸福）하다は「幸せだ」。맛있다（おいしい）、재미없다（面白くない）など、있다、없다がつく場合は -는がつきます。

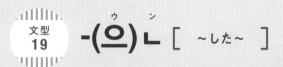

文型 19 -(으)ㄴ [~した~]

クェンチャナヨ
괜찮아요?
タチン デヌン オプソヨ
다친 데는 없어요?

大丈夫ですか?
ケガしてませんか?

例文の**다친 데**は「ケガをした＋ところ」を意味します。このように「〜した（＋名詞）」を表すのが過去を表す連体形です。

接続のルール

動詞に接続する場合は原形から**다**をとりパッチムがない場合は**ㄴ**、ある場合は**은**をつけます（作り方は形容詞の現在連体形、95ページと同じです）。

パッチム無 **가다**(行く)…**가＋ㄴ → 간**

パッチム有 **먹다**(食べる)…**먹＋은 → 먹은**

パッチムなし

オジェ カン シッタン
어제 간 식당 昨日行った食堂

パッチムあり

オジェ モグン ウムシク
어제 먹은 음식 昨日食べた食べ物

098

未来形

現在と過去があれば、もちろん未来連体形もあります。「（明日）行く＋食堂」など、「～する（＋名詞）」を表現します。

接続のルール

動詞に接続する場合は原形から**다**をとりパッチムがない場合は**ㄹ**、ある場合は**을**をつけます。

パッチム無 가다(行く)……가＋ㄹ → 갈

パッチム有 먹다(食べる)…먹＋을 → 먹을

パッチムなし
ネイル カル シクタン
내일 갈 식당　明日行く食堂

パッチムあり
ネイル モグル ウムシク
내일 먹을 음식　明日食べる食べ物

-(으)ㄹを使った表現

ハングゴルル サヨンハル キフェガ コイ オプソヨ
한국어를 사용할 기회가 거의 없어요.

韓国語を使う機会がほとんどありません。

-(으)ㄹ 기회で「～する機会」、-(으)ㄹ 필요で「～する必要」を表します。

ハングゴ ハグォヌン ケソク タニル センガギエヨ
한국어 학원은 계속 다닐 생각이에요.

韓国語教室はずっと通うつもりです。

-(으)ㄹの後ろに생각(考え)、계획(計画)、예정(予定)が続く場合は話し手の計画や予定を表します。

もっと知りたい！

お願いごとは좀を使おう

依頼や要求をする時は動詞の前に좀をつけましょう。ネイティブっぽい自然な表現になります。

ムル チョム チュセヨ
물 좀 주세요.
お水ください。

イ ゴ チョム トゥロ ジュセヨ
이거 좀 들어 주세요.
ちょっとこれ持ってください。

-(으)ㄴ ·-(으)ㄹ を使いこなす練習をしよう!

Q.1 着る服がない!

[   ]이 없어!

Q.2 ちょっと飲み物買ってきますね。

[   ]좀 사 올게요.

ヒント 飲み物 → 飲むもの。

Q.3 旅行に行って撮った写真、見せてください。

여행 가서 [   ]좀 보여 주세요.

Q.4 アメリカへ留学する予定です。

미국으로 [   ]이에요.

Q.5 今日はやることがいっぱいだ。

오늘은 [   ]이 너무 많아.

Q.6 これ誰が作ったものですか?

이거 누가 [   ]거예요?

―― Answer ――

イブル オシ オプソ
≫ **입을 옷이 없어!**

「着る服」は未来形。**입을** (未来「着る〜」)、**입는** (現在「着ている〜」) **입은** (過去「着た〜」)

マシル コッ チョム サ オルケヨ
≫ **마실 거 좀 사 올게요.**

未来連体形を使って「飲み物」を**마실 거[마실꺼]**、「食べ物」を**먹을 거[머글꺼]**と言い表すことがあります。

ヨヘン カソ ッチグン サジン チョム ボヨ ジュセヨ
≫ **여행 가서 찍은 사진 좀 보여 주세요.**

「撮った写真」は**찍다** (撮る) +**은** (過去)。

ミググロ ユハク カル イェジョンイエヨ
≫ **미국으로 유학 갈 예정이에요.**

「留学する」は**유학(을) 가다**、**유학(을) 하다**。

オヌルン ハル リリ ノム マナ
≫ **오늘은 할 일이 너무 많아.**

할 일で「すること、やること」。これからすることなので未来形になります。時制ごとに**할** (未来)、**하는** (現在)、**한** (過去) で表します。

イゴ ヌガ マンドゥン ゴ エ ヨ
≫ **이거 누가 만든 거예요?**

만들다 (作る) の過去連体形は**ㄹ**をとり**ㄴ**をつけます。時制ごとに**만들** (未来)、**만드는** (現在)、**만든** (過去) で表します。

-(으)ㄹ 때 [~する時]

ナ チャル ッテ
나 잘 때
コ コラッソ
코 골았어?

私寝てる時
いびきかいてた?

※코(를) 골다：いびきをかく

動詞・形容詞の語幹＋-(으)ㄹ 때（時）で「~する時、~な時」という
表現になります。過去形は-았／었을 때（~した時）で表します。

ハングゲ オル ッテ ヨルラク チュセヨ
● **한국에 올 때 연락 주세요.**

韓国に来る時、連絡ください。

オリョッスル ッテ コンブルル シロヘッソヨ
● **어렸을 때 공부를 싫어했어요.**

幼い頃、勉強が嫌いでした。

動詞・形容詞に接続。原形から**다**をとりパッチムがない場合は**ㄹ 때**、ある場合は**을 때**をつけます。

パッチム無 보다(見る)…보＋ㄹ 때 → 볼 때

パッチム有 좋다(よい)…좋＋을 때 → 좋을 때

-(으)ㄹ 때마다で「～するたびに」

-마다は「～ごとに、～たびに」という助詞。**-(으)ㄹ 때＋마다**で「～するたびに、～するごとに」を意味します。

ボル　ッテマダ　ソルレヨ

● **볼 때마다 설레요.**

見るたびにときめきます。

설레다(ときめく)

ヨヘン　カル　ッテマダ　ッサウォヨ

● **여행 갈 때마다 싸워요.**

旅行に行くたびにケンカします。

싸우다(ケンカする)

もっと知りたい！

「見る」だけじゃない보다の意味

シホム　ミョンジョブル　ポダ
시험／면접을 보다
試験／面接を受ける

チャンウル　ポダ
장을 보다
買い物をする

チョムル　ポダ
점을 보다
占いをする

ポルリルル　ポダ
볼일을 보다
用事を済ます／用を足す

マナチェグル　ポダ
만화책을 보다
漫画本を読む

ソヌル　ポダ
선을 보다
お見合いをする

-(으)ㄹ 때を使いこなす練習をしよう!

Q u e s t i o n

Q.1 面接 (を) 受ける時、すごく緊張しました。

면접 [   ] 너무 떨렸어요.

Q.2 これ、 小腹が空いた時に食べて。

이거 [   ] 먹어.

（ヒント）배고프다以外で。

Q.3 来るまで待ってますね。

[   ] 기다릴게요.

（ヒント）来るまで → 来る時まで。

Q.4 初めて聞いた時、 鳥肌立ったよ。

처음 [   ] 소름 돋았어.

（ヒント）過去-았/었을 때を使おう。

Q.5 私も若い時はモテてたんだから。

나도 [   ] 인기 많았어.

（ヒント）過去-았/었을 때を使おう。

Q.6 この動画、 見るたびにウケる!

이 영상, [   ] 웃겨!

（ヒント）-(으)ㄹ 때마다を使おう。

104

Answer

ミョンジョプ ポル ッテ ノ ム ットゥルリョッソヨ
면접 볼 때 너무 떨렸어요.

「面接を受ける」は **면접(을) 보다**。 日本語では「受ける」ですが、**받다**(受ける)ではないので注意！

イ ゴ イ ビ シムシマル ッテ モ ゴ
이거 입이 심심할 때 먹어.

「小腹が空く」は **입이 심심하다**。直訳では「口が退屈だ」と表し、「口さびしい、何か食べたい」を意味します。

オル ッテッカジ キ ダリルケヨ
올 때까지 기다릴게요.

「～するまで」は **-(으)ㄹ 때까지**で表します。
例）**잘 때까지**（寝るまで）

チョウム トゥロッスル ッテ ソルム トダッソ
처음 들었을 때 소름 돋았어.

소름(이) 돋다で「鳥肌が立つ」。「聞く時」は **들을 때**となります。

ナ ド チョルモッスル ッテヌン インキ マ ナッソ
나도 젊었을 때는 인기 많았어.

「若い」は **젊다[점따]**。**인기가 많다**（人気が多い）で「モテる」。

イ ヨンサン ボル ッテマダ ウッキョ
이 영상, 볼 때마다 웃겨!

「動画」は **영상**（映像）、**동영상**（動映像）。**웃기다**は「笑える」。

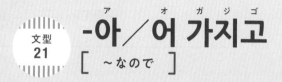

-아／어 가지고
［ 〜なので ］
ア　オ　ガジゴ

ノム　イェッポ　ガジゴ
너무 예뻐 가지고
トゥゲ　サッソ
2개 샀어.

かわいすぎて
2個買っちゃった。

-아／어 가지고で「〜なので」の意味。-아／어서（60ページ）のカジュアル版と覚えておきましょう。文語、口語どちらでも使える-아／어서と違って、おもに話し言葉でのみ使われる表現です。

▷▷ 「勉強をしなかったので、試験に落ちました」の場合

文語・口語 → -아／어서

［
コンブルル　ア　ネソ　シホメ　ットロジョッソヨ
공부를 안 해서 시험에 떨어졌어요.

口語 → -아／어 가지고

［
コンブルル　ア　ネ　ガジゴ　シホメ　ットロジョッソヨ
공부를 안 해 가지고 시험에 떨어졌어요.

動詞・形容詞に接続。해요体から요をとり、가지고をつけます。

動詞 하다 (する) …해 **+** 가지고 **→** 해 가지고

形容詞 멀다 (遠い) …멀어 **+** 가지고 **→** 멀어 가지고

「順序」を表す-아／어 가지고

-아／어서と同様、**-아/어 가지고**にも2つの意味があります。

❶ 理由・原因（～なので）

パッパ ガジゴ ティビルル ボル シガンド オプソヨ
바빠 가지고 TV를 볼 시간도 없어요.

忙しくてTVを見る時間もありません。

❷ 順序（～して）

「順序」の意味の場合は、動詞にのみ接続することができます。

トヌル モア ガジゴ シゲルル サル コエヨ
돈을 모아 가지고 시계를 살 거예요.

お金を貯めて時計を買うつもりです。

カル ッテ ッパンイナ サ ガジゴ カルッカヨ
갈 때 빵이나 사 가지고 갈까요?

行く時、パンでも買っていきましょうか？

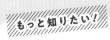

もっと知りたい！

그래 가지고はどう使う？

그래 가지고という表現を会話でよく耳にしませんか？ この使い方は、
그래서（それで）と同じです。次のように使います。

ネ ガ コジンマレッコドゥン クレ ガジゴ オムマハンテ オムチョン ホンナッソ
내가 거짓말했거든. 그래 가지고 엄마한테 엄청 혼났어.

僕嘘ついたんだ。 それでお母さんにすごく怒られたよ。

-아/어 가지고を使いこなす練習をしよう!

Q.1 1つ頼んで、分けようか?

하나 [ ] 나눠 먹을까?

Q.2 気に入らなくて書き直したよ。

[ ] 다시 썼어.

Q.3 種類が多くて何買っていいかわからないよ。

종류가 [ ] 뭘 사야 할지 모르겠어.

Q.4 日曜日お弁当作って行くね。

일요일에 도시락 [ ] 갈게.

Q.5 緊張して何も話せなかった!

[ ] 아무 말도 못 했어!

Q.6 ちょっとムカつくことがあって (「どうしたの?」と聞かれて)。

좀 [ ].

ヒント ~なこと:는 일。 連体形を使います(94ページ参照)。

108

Answer

ハナ シキョ ガジゴ ナヌォ モグルッカ
하나 시켜 가지고 나눠 먹을까?

「デリバリーを頼む」は배달 (配達) 을 시키다 (頼む)。**나누다** (分ける) + **먹다** (食べる) → **나눠 먹다** (分け合って食べる)。

マウメ アン ドゥロ ガジゴ タシ ッソッソ
마음에 안 들어 가지고 다시 썼어.

「気に入らない」は**마음에 들다** (気に入る) に否定の**안**をつけます。「〜し直す」は**다시** (もう一度) +動詞。例) **다시 만들다** (作り直す)

チョンニュガ マナ ガジゴ ムォル サヤ ハルチ モルゲッソ
종류가 많아 가지고 뭘 사야 할지 모르겠어.

종류 (種類) は[종뉴]と発音します。**-(으)ㄹ지 모르겠다**で「〜かわからない」。

イリョイレ トシラク ッサ ガジゴ カルケ
일요일에 도시락 싸 가지고 갈게.

「お弁当を作る」は「包む」という意味の**싸다**を使って**도시락(을) 싸다**と言います。キムパプ (韓国のり巻き) も**김밥을 싸다** (キムパプを作る)。

ットゥルリョ ガジゴ アム マルド モテッソ
떨려 가지고 아무 말도 못 했어!

떨리다は「震える」のほかに「緊張する」という意味でも使います。**긴장되다** (緊張する) でも同じ意味合い。

チョム ッチャジュン ナヌン ニリ イッソ ガジゴ
좀 짜증 나는 일이 있어 가지고.

짜증(이) 나다 (ムカつく) + **는 일** (〜すること) で「ムカつくこと」。

-(으)면 [~したら・~なら]

ウ　ミョン

도착하면 바로 연락할게.

トチャカミョン　バ　ロ　ヨルラカルケ

到着したらすぐ連絡するよ。

動詞+-**(으)면**で「~したら、~なら」を意味します。現在や未来についての仮定や条件を表すので、-**(으)면**の後に「~だった」という過去形の文章をつなげると不自然です。過去の出来事を言う時には-**(으)니까**（130ページ）、-**았/었더니**（216ページ）を使いましょう。

 以下の2つの文章を1つにするのが-**(으)면**

매일 운동하세요. 그러면 몸이 좋아질 거예요.

メイル　ウンドンハセヨ　クロミョン　モ ミ　チョアジル　コ エ ヨ

毎日運動してください。そうすれば健康になるでしょう。

↓

[
매일 운동하면 몸이 좋아질 거예요.

メイル　ウンドンハミョン　モ ミ　チョアジル　コ エ ヨ

毎日運動すれば健康になるでしょう。
]

動詞・形容詞に接続。原形から**다**をとりパッチムがない場合は**면**、ある場合は**으면**をつけます。

パッチム無 비싸다 (高い) …비싸 **＋ 면 →** 비싸면

パッチム有 넣다 (入れる) …넣 **＋ 으면 →** 넣으면

-(으)면 되다 で「～すればいい」

-(으)면（～したら）に**되다**がつくと、「～すれば(～したら)いい」の意味。**-(으)면**や**-아／어도**に接続する**되다**は「なる」の意味ではなく、可能・許容の意を表します。次のような使い方ができます。

情報やアドバイスを伝える時

ヨギルル　ヌルミョン　ドェヨ
여기를 누르면 돼요.

ここを押せばいいですよ。

-아／어야 하다（～しなければならない）や**-(으)세요**（～してください）よりもソフトな言い方。

情報やアドバイスを求める時

チハチョルリョッカジ　　オットケ　カミョン　ドェヨ
지하철역까지 어떻게 가면 돼요?

地下鉄の駅までどうやって行けばいいですか?

例文は道をたずねる時の定番フレーズ。**어떻게 -(으)면 돼요?**（どう～すればいいですか?）は方法をたずねる時によく使います。

もっと知りたい！

「韓国語が上手です」は 한국어가 잘해요?

正解は**한국어를 잘해요**が正解。助詞「～が」は**-이／가**ではなく**-을／를**（～を）を使います。以下のような動詞の場合も同様です。

チョアハダ　シロハダ
좋아하다／싫어하다(好きだ／嫌いだ)　　チャラダ　モタダ
잘하다／못하다(上手だ／下手だ)

-(으)면を使いこなす練習をしよう!

Q.1 バレたらどうしよう?

| | 어떡하지?

Q.2 行けたら行くよ。

| | 갈게.

(ヒント) -(으)ㄹ 수 있다(~できる)を使おう(76ページ参照)。

Q.3 もう着くけど、どこへ行けばいい?

거의 다 왔는데 | | ?

(ヒント) -(으)면 되다を使おう。

Q.4 お酒を飲むと顔が赤くなっちゃう。

| | 얼굴이 빨개져.

Q.5 チャンスがあれば挑戦してみたいな。

| | 도전해 보고 싶다.

Q.6 どうすれば韓国語がうまくなるんでしょうか?

| | 한국어를 잘할 수 있을까요?

(ヒント) どうすれば→どうやってすれば。

Answer

トゥルキミョン オットカジ
들키면 어떡하지?

「バレる」は**들키다**。

カル ス イッスミョン カルケ
갈 수 있으면 갈게.

「行けたら」は**갈 수 있다**（行ける）に**(으)면**をつけます。

コイ タ ワンヌンデ オディロ カミョン ドェ
거의 다 왔는데 어디로 가면 돼?

この**-(으)로**は「～へ(方向)」の意味。**거의 다 왔다**（ほとんど全部来た）で「もうすぐ着く」という定番フレーズです。

スル モグミョン オルグリ ッパルゲジョ
술 먹으면 얼굴이 빨개져.

「お酒を飲む」は**술을 마시다**以外に**먹다**を使うこともあります。「赤くなる」は**빨갛다**（赤い）＋**아／어지다**（～になる）で**빨개지다**になります（**ㅎ**変則活用）。

キフェ(ガ) ドェミョン トジョネ ボゴ シプタ
기회(가) 되면 도전해 보고 싶다.

「チャンス（機会）がある」は**기회가 되다**。**기회가 있으면**でも正解です。「挑戦する」は**도전하다**。

オットケ ハミョン ハングゴルル チャラル ス イッスルッカヨ
어떻게 하면 한국어를 잘할 수 있을까요?

어떻게 하면を短くして**어떡하면**とも言います。**잘할 수 있다**は「うまくできる」という意味。

-(으)ㄴ／-는데①

ウ　ン　　　　　ヌンデ

[〜だけど]

ティジャイヌン　　イェップンデ

디자인은 예쁜데

セッカリ　　ビョルロヤ

색깔이 별로야.

デザインはかわいいんだけど
色が微妙…。

-(으)ㄴ／는데は「〜だけど」という逆接の意味を表します。同じ逆接の意味を持つ-지만（〜ですが）はフォーマルな場面で使うことが多く、会話では-는데のほうがよく使われます。

 「おいしいけど高いです」の場合

カジュアル

マシンヌンデ　　ビッサヨ

맛있는데 비싸요.

↓

フォーマルな場ではこっちを使う

マシッチマン　　ビッサヨ

맛있지만 비싸요.

動詞・形容詞、名詞に接続。動詞はパッチムの有無に関係なく原形から**다**をとり**는데**をつけます。形容詞は原形から**다**をとり、パッチムがない場合は**ㄴ데**を、ある場合は**은데**を。名詞は**인데**をつけます。

| 動詞 | **시작하다**（始める）…**시작하**＋**는데** → **시작하는데** |
| 形容詞 | **예쁘다**（かわいい）…**예쁘**＋**ㄴ데** → **예쁜데** |

「～ですけど」の -(으)ㄴ／는데요

-(으)ㄴ／는데요（～ですが、ですけど）は次のような場面で使われます。ネイティブの会話で頻繁に**-(으)ㄴ／는데요**と言っているのを耳にしませんか？ それほど多様に表現できる言い方なのです。いずれも「～です」と言い切るより、「～ですが」と遠回しに表現することで、コミュニケーションを円滑にする作用があります。

返答、反対の意見を述べる時

> アニンデヨ
> **아닌데요.**
> 違いますが。

> チョド　ハル　チュル　モルヌンデヨ
> **저도 할 줄 모르는데요.**
> 私もできないんですけど。

自分の考えを述べたり、感嘆する時

> チャル　オウルリヌンデヨ
> **잘 어울리는데요.**
> よく似合ってますよ。

もっと知りたい！

疑問詞＋-는데요

-는데요を疑問詞と一緒に用いる場合は、相手の返事を期待するニュアンスを含みます。

ムスン　ニリンデヨ
무슨 일인데요? どうしたんですか？

ミョッ シエ　ックンナヌンデ
몇 시에 끝나는데? 何時に終わるの？

-(으)ㄴ/-는데 を使いこなす練習をしよう!

Q.1 何か臭うんですけど?

뭔가 [　　　　　　　　　]?

Q.2 私ですけど。

[　　　　　　　　　].

Q.3 すごく疲れているのに寝れない。

엄청 [　　　　　　　　] 잠이 안 와.

Q.4 1時間も待ったのにドタキャンされました。

[　　　　　　　　　] 바람맞았어요.

ヒント 過去の-았/었는데を使おう。

Q.5 誰が見ても、 整形したのバレバレなんだけど。

누가 봐도 성형한 거 [　　　　　　　　].

Q.6 3話まではそんなにだったけど、4話から面白くなるよ(「ドラマ面白い?」と聞かれて)

3화까지는 [　　　　　　　　] 4화부터 재밌어져.

ヒント 過去の-았/었는데を使おう。

/ A n s w e r \

ムォンガ　ネムセナヌンデヨ
뭔가 냄새나는데요?

냄새(가) 나다 （くさい、臭いがする）。뭔가は「何か」という意味。
例）뭔가 이상하다 （何かおかしい）、뭔가 다르다 （何か違う）

チョンデヨ
전데요.

名詞には-인데がつきますが、口語ではパッチムがない場合-ㄴ데と省略することがあります。주스인데요＝주슨데요 （ジュースですけど）

オムチョン　ピゴナンデ　チャミ　ア ノァ
엄청 피곤한데 잠이 안 와.

피곤하다 （疲れている）は形容詞なのでㄴ데をつけます。잠이 안 오다 （眠りが来ない）で「眠れない」の意。엄청 （すごく、めちゃくちゃ）は会話で使われます。

ハン シ ガ ニ ナ　キダリョンヌンデ　パラムマジャッソヨ
1시간이나 기다렸는데 바람맞았어요.

予想していた数量より多い時の「～も」は-도ではなく-(이)나を使います。바람맞다 （風を受ける）で「（約束を）すっぽかされる」の意。

ヌ ガ　ボァド ソンヒョンハン ゴ　ティ　ナヌンデ
누가 봐도 성형한 거 티 나는데….

티(가) 나다 は「一目でわかる、バレバレだ」などの意味です。성형 수술(을)하다で「整形手術をする」。을は省略可能です。

サムファッカジヌン　クニャン　クレンヌンデ　サファブト　チェミッソジョ
3화까지는 그냥 그랬는데 4화부터 재밌어져.

그냥 그렇다は「まあまあだ」。どちらかというと「そんなに…」というマイナスの意味を含みます。例）그냥 그랬어요. （まあ普通でした）

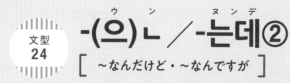

文型 24

-(으)ㄴ／-는데②
ウン　　　　　ヌンデ

[～なんだけど・～なんですが]

ファ ヘ ハ ゴ　　シブンデ
화해하고 싶은데
チョウン　　バンボブ　　オプスルッカ
좋은 방법 없을까?

仲直りしたいんだけど、
いい方法ないかな?

-는데（～なんだけど、～なんですが）は「前置き」として使うことも
あります。前の文に**-(으)ㄴ／-는데**をつけて後に続く文の背景や状況を
説明します。

 「映画が感動的だった」と伝えたい場合…

ヨンファガ　チョンマル　カムドンジョギオッソヨ
영화가 정말 감동적이었어요.

映画が本当に感動的でした。

これだとちょっと説明不足。唐突な印象を与えます。

↓

オジェ　ヨンファルル　ボァンヌンデ　チョンマル　　カムドンジョギオッソヨ
어제 영화를 봤는데 정말 감동적이었어요.

昨日映画を見たのですが（前置き）、本当に感動的でした。

-는데を使って前置きをすると自然。相手に伝えたいのはもちろん後ろにくる文の内容です。

お願いや提案、質問を切り出す時、その発言の意図を示す目的でも
-(으)ㄴ／-는데がよく使われます。

》提案

イボン　チュマレ　シガニ　インヌンデ　カチ
이번 주말에 시간이 있는데 같이
ヨンファ　ボロ　ガルレ
영화 보러 갈래?

今週末時間があるんだけど、一緒に映画見に行かない?

》お願い

ネイル　シホミ　インヌンデ　チョム　トワジュセヨ
내일 시험이 있는데 좀 도와주세요.

明日試験があるのですが、ちょっと手伝ってください。

》命令

ヌンド　オヌンデ　クニャン　チベ　イッソ
눈도 오는데 그냥 집에 있어.

雪も降ってるからもう家にいなさいよ。

》質問

ネイリ　ヒュイリンデ　ムォ　ハル　コエヨ
내일이 휴일인데 뭐 할 거예요?

明日は休日ですが、何をするつもりですか?

もっと知りたい！

-(으)니까のように使うこともある

-는데を使って理由を伝えることもできます。「～だから」というと-(으)
니까を思い浮かべますが、-(으)니까よりも柔らかい表現になります。

「疲れているから今日はもう休みましょう」の場合

▶理由を明確に

ピゴナニッカ　オヌルン　クニャン　シュイオヨ
피곤하니까 오늘은 그냥 쉬어요.

▶-(으)니까よりソフトな表現

ピゴナンデ　オヌルン　クニャン　シュイオヨ
피곤한데 오늘은 그냥 쉬워요.

-(으)ㄴ / -는데 を使いこなす練習をしよう!

Q.1 退屈なんだけど、何しようかな。

　　　　　　　　　　　　　뭐 하지?

Q.2 沖縄に行ってきたのですが、天気がとてもよかったです。

오키나와에 　　　　　　　　　　날씨가 정말 좋았어요.

Q.3 暑いからちょっとエアコンつけて。

　　　　　　　　　　　　에어컨 좀 틀어 줘.

Q.4 さっきちらっと聞いたんだけど、2人別れたみたい。

아까 　　　　　　　　　둘이 헤어졌나 봐.

（ヒント）過去-았/었는데を使おう。

Q.5 韓国語の本を買おうと思うんですが、どんなのがいいでしょうか?

한국어 책을 　　　　　　　　　어떤 게 좋을까요?

（ヒント）~しようと思う :-(으)려고 하다 (36ページ参照)。

Q.6 買い物に行くけど、一緒に行かない?

　　　　　　　　　　　같이 안 갈래?

（ヒント）未来-(으)ㄹ 건데を使おう。

—／ A n s w e r ＼—

심심한데 뭐 하지?
シムシマンデ　ムォ　ハジ

심심하다は「暇だ、退屈だ」。単に時間があることを意味する**한가하다**（暇だ）より、「つまらない」という感情が含まれています。

오키나와에 다녀왔는데 날씨가 정말 좋았어요.
オキナワ エ　タニョワンヌンデ　ナルッシガ チョンマル チョアッソヨ

「行ってくる」は**다녀오다**（**다니다** 通う＋**오다** 来る）。「〜に行ってくる」の「〜に」は**-에 다녀오다**、**-을／를 다녀오다**、どちらの助詞も使えます。

더운데 에어컨 좀 틀어 줘.
トゥンデ　エオコン チョム トゥロ ジョ

덥다（暑い）は**ㅂ**をとり**운데**（ㅂ変格活用）。**틀다**は「（エアコン、TVなどを）つける」「（音楽を）かける」という意味です。

아까 얼핏 들었는데 둘이 헤어졌나 봐.
アッカ オルピッ トゥロンヌンデ　トゥリ　ヘオジョンナ ボァ

「ちらっと」は**얼핏**。**얼핏 보다**（ちらっと見る）のように使います。**헤어지다**（別れる）。**-았／었나 보다**（〜したみたいだ）。

한국어 책을 사려고 하는데 어떤 게 좋을까요?
ハングゴ チェグル サリョゴ　ハヌンデ オットン ゲ チョウルッカヨ

-려고 하다＋**는데**で「〜しようと思うのですが」。**-(으)ㄹ까요?** は「〜でしょうか?」。

장 보러 갈 건데 같이 안 갈래?
チャン ボロ ガル コンデ カチ アン ガルレ

장(을) 보러 가다は「買い物に行く」。**장**は「市場」を表し、日用品や食料品を買う時に使います。**-(으)ㄹ 건데**は「〜するつもりだけど」。

文型 25 -(으)ㄹ게요 [~しますね]

ヤクソク ッコク チキルケ
약속 꼭 지킬게.
約束、必ず守るよ。

-(으)ㄹ게요は親しい間柄で自分の意思を伝える口語表現。「～しますね」と聞き手に約束するようなニュアンスがあります。似た表現に-(으)ㄹ거예요（44ページ）がありますが、こちらは単に自分の意思や計画を述べる表現で、相手の意向を考慮しません。

 「いつ電話くれる?」と聞かれた場合

ネイル チョナハル コエヨ
내일 전화할 거예요. 明日電話するつもりです。

相手の意見は関係なく、自分の都合で行動する印象。

↓

ネイル チョナハルケヨ
내일 전화할게요. 明日電話しますね。

話し相手と約束するような時はこっちを使います。

接続のルール

動詞に接続。動詞の原形から**다**をとりパッチムがない場合は**ㄹ게요**、ある場合は**을게요**をつけます。

パッチム無 갔다 오다（行ってくる）…갔다 오 **＋** ㄹ게요 **➔** 갔다 올게요

パッチム有 먹다（食べる）… 먹 **＋** 을게요 **➔** 먹을게요

-(으)ㄹ게요 の主語は自分

自分の意思を伝えて相手と約束する表現なので、自分のこと（一人称）のみで使います。つまり主語は「私、私たち」のみ。疑問形で使うのもNGです。また、**-(으)ㄹ 거예요**のような推測の意味はありません。

	-(으)ㄹ게요	-(으)ㄹ 거예요
～します（意思）	○	○
～するでしょう（推測）	×	○
疑問文	×	○

もっと知りたい！

「予約」を表す2つの表現

「予約する」を意味する単語には、**예약하다**、**예매하다**があります。日本語の「予約する」と同じ意味で幅広く使えるのは**예약하다**。**예매하다**には「前もって代金を支払う」という意味があり、おもに映画や公演のチケット、切符などを購入する時に使われます。「예매」は漢字にすると「予買」。

-(으)ㄹ게요 を使いこなす練習をしよう!

/ Question \

Q.1 電話して聞いてみますね。

전화해서 [　　　　　　　].

Q.2 今日は僕がおごるよ。

오늘은 [　　　　　　　].

Q.3 もうタバコやめるよ。

이제 담배 [　　　　　　　].

Q.4 ほかの人に絶対言いませんよ。

다른 사람들한테 절대 [　　　　　　　].

(ヒント) 말하다 (言う)を否定形に。

Q.5 ありがとう。 大事に使うね。

고마워. [　　　　　　　].

Q.6 映画のチケット予約しておくよ。

영화표 [　　　　　　　].

(ヒント) ～しておく:-아/어 놓다。

―――― Answer ――――

チョナヘソ　ムロボルケヨ
≫ **전화해서 물어볼게요.**

「たずねる、質問する」は**물어보다**。**듣다**は「(話や音楽などを) 聞く」の意です。

オヌルン　ネ ガ　サルケ
≫ **오늘은 내가 살게.**

「おごる」は**사다** (買う) で言い表します。**사다**の代わりに**내다** (出す)、**쏘다** (撃つ) を使っても同じ意味になります＝**낼게／쏠게**。

イジェ　タムベ　ックヌルケ
≫ **이제 담배 끊을게.**

끊다 (切る) は「(たばこ、酒を) やめる」という表現でも使えます。

タルン　サラムドゥランテ　チョルテ マル ア　ナルケヨ
≫ **다른 사람들한테 절대 말 안 할게요.**

否定文は前に**안**をつけますが、**말하다** (言う) など**하다**がつく動詞は、**하다**の前につけます。**절대**は「絶対」。

コマウォ　チャル ッスルケ
≫ **고마워. 잘 쓸게.**

プレゼントをもらった時の決まり文句。飲食物をもらった場合は、**잘 먹을게**(大事に食べるね)、**잘 마실게** (大事に飲むね) と言います。

ヨンファピョ　イェメヘ　ノウルケ
≫ **영화표 예매해 놓을게.**

「～しておく」は**-아／어 놓다/두다**で表します。**표**は漢字にすると「票」で、外来語の**티켓** (チケット) でも通じます。

-아／어 보다 [～してみる]

(ア) (オ) (ボ) (ダ)

하나 먹어 볼래?
(ハ) (ナ) (モ) (ゴ) (ボ) (ル) (レ)

1つ食べてみる?

-아/어 보다は「～してみる」。何かを試しにやってみる時の表現です。
「～してみる」を使ったさまざまな表現を下に紹介します。

-아／어 볼래요? (ア) (オ) (ボ) (ル) (レ) (ヨ) ～してみますか?／～してみましょうか?	**例 먹어 볼래요?** (モ) (ゴ) (ボ) (ル) (レ) (ヨ) 食べてみますか?／食べてみましょうか?
-아／어 보고 싶어요 (ア) (オ) (ボ) (ゴ) (シ) (ポ) (ヨ) ～してみたいです	**例 먹어 보고 싶어요.** (モ) (ゴ) (ボ) (ゴ) (シ) (ポ) (ヨ) 食べてみたいです。
-아／어 볼까요? (ア) (オ) (ボ) (ル) (ッカ) (ヨ) ～してみましょうか?	**例 먹어 볼까요?** (モ) (ゴ) (ボ) (ル) (ッカ) (ヨ) 食べてみましょうか?
-아／어 보세요 (ア) (オ) (ボ) (セ) (ヨ) ～してみてください	**例 먹어 보세요.** (モ) (ゴ) (ボ) (セ) (ヨ) 食べてみてください。
-아／어 볼게요 (ア) (オ) (ボ) (ル) (ケ) (ヨ) ～してみますね	**例 먹어 볼게요.** (モ) (ゴ) (ボ) (ル) (ケ) (ヨ) 食べてみますね。

動詞に接続。**해요体**から**요**をとり**보다**をつけます。

パッチム無 시작하다（始める）…시작해 ＋ 보다 ➜ 시작해 보다

パッチム有 만들다（作る）…만들어 ＋ 보다 ➜ 만들어 보다

経験を表す- 아／어 봤어요

過去形の**-아／어 봤어요**（〜してみました）は、「**〜したことがあります**」という経験の意味も含みます。

> イルボネ　セ　ボン　カ　ボァッソヨ
> **일본에 세 번 가 봤어요.**
> 日本に3回行ったことがあります。

「行ったことがありません」の場合

> アジク　アン（モッ）　カ　ボァッソヨ
> **아직 안 (못) 가 봤어요.**
> まだ行ったことがありません。
>
> 否定は안、못を使い안 -아／어 봤어요、못 -아／어 봤어요の形にします。
> 못のほうが「してみたいけどチャンスがない」という気持ちが表れます。

もっと知りたい！

아무 -도の後ろは否定文

아무 -도は否定する時の表現なので、必ず後ろに否定文がきます。

▶ **아무것도**（何も）

ネンジャンゴエ　アムゴット　オプソ
냉장고에 아무것도 없어.

冷蔵庫に何もないよ。

▶ **아무도**（誰も）

アムド　モン　ミッケッソヨ
아무도 못 믿겠어요.

誰も信じられません。

▶ **아무 데도**（どこにも）

アム　デド　アンガル　コエヨ
아무 데도 안 갈 거예요. どこにも行きません。

-아/어 보다 を使いこなす練習をしよう!

/ Question \

Q.1 ちょっとこれ見てみて。

이것 좀 [　　　　　　　].

Q.2 ここ、来てみたかったんだ。

여기 [　　　　　　　].

Q.3 もう一回だけ頼んでみましょうか?

한 번만 더 [　　　　　　　]?

Q.4 着てみたいけど、サイズが合わなそう。

[　　　　　　　] 사이즈가 안 맞을 것 같아.

Q.5 ソウル以外はどこにも行ったことがありません。

서울 말고는 [　　　　　　　].

(ヒント) 否定 못-を使おう。

Q.6 私、この辺で失礼しますね。

저 이만 [　　　　　　　].

/ A n s w e r \

イゴッ チョム ボァ ボァ
≫ **이것 좀 봐 봐.**

보다を２つつなげると「見てみて」の意味になります。

ヨ ギ ワ ボ ゴ シボッソ
≫ **여기 와 보고 싶었어.**

오다（来る）+ **-아／어 보고 싶었다**（～してみたかった）。

ハン ボンマント ブ タ ケ ボルッカヨ
≫ **한 번만 더 부탁해 볼까요?**

「お願いする」は**부탁하다**。「一回だけ」は**한 번**（一回）+ **만**（だけ）。「もう一回だけ」は**한 번만**の後に**더**（もっと）を加えます。

イ ボ ボ ゴ シブンデ サイジュガ アン マジュル コッ カ タ
≫ **입어 보고 싶은데 사이즈가 안 맞을 것 같아.**

「～してみたいけど」は**-아／어 보고 싶은데**と表しましょう。**사이즈가 안 맞다**で「サイズが合わない」。**-것 같아**は142ページ参照。

ソウル マルゴヌン ア ム デ ド モッ カ ボァッソヨ
≫ **서울 말고는 아무 데도 못 가 봤어요.**

「どこにも」は**아무 데도**。**-말고는**は「～以外は」の意味です。

チョ イマン カ ボルケヨ
≫ **저 이만 가 볼게요.**

가 볼게요は別れ際の定番フレーズ。「行ってみますね」で「もう行きますね」の意味になります。**이만**は「この辺で、そろそろ」。

-(으)니까②
[～したら・～すると]

サジン ボニッカ ット
사진 보니까 또
カゴ シポジネ
가고 싶어지네.
写真見るとまた行きたくなるな。

-(으)니까と言うと理由を表す「～だから」が思い浮かびますが、「発見・結果」の意味でも頻繁に使われます。「～した結果、こうなった（こうだった）」。日本語では「～すると」「～したら」と訳されます。「～したら」は過去のことですが、過去形の-았／었으니까にすることはできません。

原因・理由 ～だから	セシエ カニッカ ジュンビヘ ノウセヨ **3시에 가니까 준비해 놓으세요.** 3時に行くので準備しておいてください。
発見・結果 ～すると・～したら	セシエ カニッカ サラミ マナッソヨ **3시에 가니까 <u>사람이 많았어요.</u>** 　　　　　　　　　　発見・結果 3時に行ったら人がたくさんいました。

動詞に接続。動詞の原形から**다**をとりパッチムがない場合は**니까**、ある場合は**으니까**をつけます。

パッチム無 말하다（言う）…말하＋니까➡ 말하니까

パッチム有 씻다（洗う）…씻＋으니까➡ 씻으니까

ここがポイント！ 発見の-(으)니까

発見・結果の意味で**(으)니까**を使う時は次のような決まりがあります。文章を読んだり、会話を聞いたりする時にも押さえておきたいポイントです。

-아／어 보니까（～してみたら）の形が多い

トゥロ ボニッカ カビョウォッソヨ
들어 보니까 가벼웠어요.

持ってみたら軽かったです。

「試み」を表す**-아／어 보다**（～してみる）とセットでよく使われます。

後ろに未来を表す表現は使わない

マシッソッソヨ
먹어 보니까 맛있을 거예요. (×) → 맛있었어요. (○)

食べてみたらおいしかったです。

感想や結果を伝えたいので、後ろに未来のことを表す表現がくると不自然。「食べてみたらおいしいでしょう」とは言いませんね。後ろは現在形か過去形になります。

もっと知りたい！

同意を表すあいづち表現

「そうだね」「そうですね」に当たる**그러네(요)**、**그러게(요)**は相手の話を聞いて「確かにそうだな」と思った時のあいづち。相手の話に強く同意したい時は「本当にそうだよ」「だよね」という意味の**그니까(요)**を使って話を弾ませましょう。

-(으)니까 を使いこなす練習をしよう!

Q.1 朝起きたら5時半でした。

[   ] 5시 반이었어요.

Q.2 考えてみたらそうだね。

[   ] 그러네.

Q.3 会って話してみたらいい人でした。

[   ] 좋은 사람이었어요.

（ヒント）「〜して」は-아/어서を使おう（72ページ参照）。

Q.4 ズボン小さそうだったけど、はいてみたらぴったり!

바지 작아 보였는데 [   ] 딱 맞아!

Q.5 久しぶりに来てみると懐かしいな。

[   ] 옛날 생각이 난다.

Q.6 ラーメンにお餅入れたらもっとおいしいね。

라면에 떡 [   ] 더 맛있네.

（ヒント）「入れる」は놓다? 넣다?

--- / A n s w e r \ ---

アチメ　イロナニッカ　タソッシ　バニオッソヨ
아침에 일어나니까 5시 반이었어요.

「起きたらこんなことがあった」と過去の出来事を言っているので 일어나니까 になります。일어나면 は間違い。

センガケ　ボニッカ　クロネ
생각해 보니까 그러네.

「考えてみる」は 생각해 보다 です。그러네/그러네요 は相手の話に同意する時の「そうだね」「そうですね」の意味。

マンナソ　イェギヘ　ボニッカ　チョウン　サラミオッソヨ
만나서 얘기해 보니까 좋은 사람이었어요.

만나서 얘기하다 は「会って話す」。좋은 사람 (いい人) + 이었어요 (~でした)

バジ　チャガ　ボヨンヌンデ　イボ　ボニッカ　ッタン　マジャ
바지 작아 보였는데 입어 보니까 딱 맞아!

「はく」はズボンやスカートの場合は 입다 を、靴下や履物の場合は 신다 を使います。딱 맞다 は「ちょうど、ぴったり合う」という意味。

オレンマネ　ワ　ボニッカ　イェンナル　センガキ　ナンダ
오랜만에 와 보니까 옛날 생각이 난다.

「久しぶりに」は 오랜만에、오래간만에 でもOK。옛날 생각이 나다 は「昔を思い出す」で「懐かしい」を意味します。

ラミョネ　ットン　ノウニッカ　ト　マシンネ
라면에 떡 넣으니까 더 맛있네.

「入れる」は 넣다 を使います。似た単語に 놓다 がありますが、これは「置く」という意味なので注意。

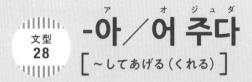

-아／어 주다には「～してあげる(やる)」「～してくれる」という2つの
真逆の意味があるので、使い分けるには主語を明確にする必要があり
ます。「(誰々) に～してもらう」という受け身の言い方は韓国語だと
不自然になるので、たとえば「友だちに買ってもらう」は「友だちが
買ってくれる」と言い換えましょう。

～してあげる	ネ ガ　チングエゲ　ッコチュル　サ　ジュダ **(내가) 친구에게 꽃을 사 주다** (私が) 友だちに花を買ってあげる。
～してくれる	チングガ　ナ エゲ　ッコチュル　サ　ジュダ **친구가 (나에게) 꽃을 사 주다** 友だちが (私に) 花を買ってくれる。

動詞に接続可能。**해요体から요をとり、주다をつけます。**

パッチム無 보내다（送る）…보내＋주다 ➔ 보내 주다
パッチム有 만들다（作る）…만들어＋주다 ➔ 만들어 주다

目上の人には주시다／드리다を使う

目上の人や地位の高い人には、**주다**の代わりに**주시다**（くださる）、**드리다**（さしあげる）を用いると失礼に当たりません。

-아/어 주시다 〜してくださる	ソンセンニミ　（ナ エ ゲ）　ハングゴルル　カルチョ　ジュシダ **선생님이 (나에게) 한국어를 가르쳐 주시다** 先生が（私に）韓国語を教えてくださる。
-아/어 드리다 〜してさしあげる	ネ ガ　ソンセンニメゲ　イルボノルル　カルチョ　ドゥリダ **(내가) 선생님에게 일본어를 가르쳐 드리다** （私が）先生に日本語をお教えする。

「〜してあげる」と聞くと少し厚かましく感じるかもしれませんが、ネイティブは「〜する」と同じ感覚で使う場合が多いです。たとえば**내가 사 줄게**（僕がおごってあげるよ）は実際は「僕がおごるよ」という気軽な感じです。

もっと知りたい！

「〜に」を意味する助詞は-에だけじゃない

-에다(가) も「〜（場所）に」を意味し、場所をはっきりと伝えたい時に使います。**놓다**（置く）、**넣다**（入れる）、**쓰다**（書く）などの単語とともに用います。

チェクサンエ　チェクサンエダ（ガ）
책상에／책상에다(가)
机に

ヨ ギ エ　ヨギエダ（ガ）
여기에／여기에다(가)
ここに
※여기다、여기다가とも言う

-아/어 주다 を使いこなす練習をしよう!

Q.1 ここに置いてください。

여기다 _____.

Q.2 頼んだらしてくれるよね?

부탁하면 _____?

(ヒント) 「～だよね?」は지?を使おう（154ページ参照）。

Q.3 お越しくださりありがとうございます。

_____ 감사합니다.

(ヒント) -아/어 주시다を使おう。

Q.4 このハンドクリーム、友だちがおすすめしてくれました。

이 핸드크림, 친구가 _____.

(ヒント) 「薦める」は추천하다。

Q.5 ソウルに住んでいる友だちに案内してもらいました。

서울에 사는 _____.

(ヒント) 「友だちが案内してくれる」の形に。

Q.6 手伝おうか?

내가 _____?

(ヒント) ～しようか?：-(으)ㄹ까?（40ページ参照）。

Answer

ヨ ギ ダ　　ノ ア　　ジュ セ ヨ
여기다 놓아 주세요.

依頼の「~してください」は **-아/어 주세요**。**여기다**は「ここに」の意味。

ブ タ カ ミョン　　へ　　ジュ ゲッチ
부탁하면 해 주겠지?

해 주다（してくれる）+ **겠**（推測）+ **지?**（~だよね?）の形にします。

ワ　　ジュ ショ ソ　　カ ム サ ハ ム ニ ダ
와 주셔서 감사합니다.

와 주시다（来てくださる）は **와 주다**（来てくれる）の敬語。**-아/어 주셔서
감사합니다**で「~してくださりありがとうございます」。

イ　　ヘンドゥ ク リム　　チン グ ガ　　チュ チョ ネ　　ジョッ ソ ヨ
이 핸드크림, 친구가 추천해 줬어요.

「薦める」は **추천하다**。**추천**は漢字語で「推薦」のこと。**주다**の現在形は **주다**
+ **어요→줘요**、過去形は **주다** + **었어요→줬어요**と活用します。

ソ ウ レ　　サ ヌン　　チン グ ガ　　アン ネ へ　　ジョッ ソ ヨ
서울에 사는 친구가 안내해 줬어요.

「案内する」は **안내하다**。

ネ ガ　　ト ワ ジュ ルッ カ
내가 도와줄까?

「手伝う、助ける」は **도와주다**。**내가 도와줘?** と言ってもOKです。
ていねいな表現は **내가 도와줄까요?**　敬語表現は **제가 도와드릴까요?**

-아／어도 [~しても]

운동해도 살이 안 빠져….
ウンドンヘド　サリ　アン　ッパジョ

運動してもやせない…。

※살(이) 빠지다 (やせる)

-아／어도 （~しても）は「雨が降っても行きます」のように、予想や事実とは反対のことが後ろに来る時に使います。-아／어도を使って次のような2つの文章を1つにすることができます。

약을 먹었어요. 그래도 아파요.
ヤグル　モゴッソヨ　クレド　アパヨ

薬を飲みました。 だけど痛いです。

약을 먹어도 아파요.
ヤグル　モゴド　アパヨ

薬を飲んでも痛いです。

-아／어도を使った強調表現

아무리＋**-아/어도**で「どんなに、いくら～しても」という強調表現になります。

チャジャド　オプソヨ
찾아도 없어요.
探してもないです。

アムリ　　チャジャド　　オプソヨ
아무리 찾아도 없어요.

いくら探してもないです。

オリョウォド　ポギハジ　アヌル　コエヨ
어려워도 포기하지 않을 거예요.
むずかしくてもあきらめないつもりです。

アムリ　　オリョウォド　　ポギハジ　　アヌル　コエヨ
아무리 어려워도 포기하지 않을 거예요.

どんなにむずかしくてもあきらめないつもりです。

もっと知りたい！

매-は「毎～」を表す

매＋名詞で「毎○○」を意味します。以下の単語は覚えておきましょう。

メイル
매일 毎日　　**매주** 毎週　　**매달** 毎月　　**매년** 毎年　　**매번** 毎回
メジュ　　　　メダル　　　　メニョン　　　　メボン

-아/어도 を使いこなす練習をしよう!

Q.1 この歌、毎日聞いても飽きない。

이 노래, [   ] 안 질려.

Q.2 どう考えても理解できないわ。

[   ] 이해가 안 되네.

(ヒント) 強調 아무리を使おう。

Q.3 ボタンを押しても反応がないです。

버튼을 [   ] 반응이 없어요.

(ヒント) 「反応がない」は반응이 없다。

Q.4 いくら言っても無駄だよ。

[   ] 소용없어.

(ヒント) 強調 아무리を使おう。

Q.5 読んでも、どういう意味かわからない。

[   ] 무슨 말인지 모르겠어.

Q.6 疲れていても化粧は落として寝ます。

[   ] 화장은 지우고 자요.

─ Answer ─

>> 이 노래, 매일 들어도 안 질려.
イ ノレ メイル トゥロド アン ジルリョ

「毎日」は매일。질리다は「飽きる」の意味です。

>> 아무리 생각해도 이해가 안 되네.
アムリ センガケド イ ヘ ガ アン ドェネ

이해(가) 되다で「理解できる」。이해가 가다とも言います。

>> 버튼을 눌러도 반응이 없어요.
ボトゥヌル ヌルロド パヌンイ オプソヨ

「(ボタン、スイッチを) 押す」は누르다。「押す」を表す単語はいくつかあり、
ドアや背中は밀다、印鑑やスタンプは찍다を使います。

>> 아무리 말해도 소용없어.
アムリ マレド ソヨンオプソ

소용없다は「無駄だ」という意味。

>> 읽어도 무슨 말인지 모르겠어.
イルゴド ムスン マリンジ モルゲッソ

읽어도の発音は[일거도]。

>> 피곤해도 화장은 지우고 자요.
ピゴネド ファジャンウン チ ウ ゴ ジャヨ

「化粧を落とす」は지우다（消す）を使います。

-것 같다 [~みたいだ・~のようだ]

ナ　サランエ　ッパジン　ゴッ　カタ
나 사랑에 빠진 것 같아.
私、恋に落ちたみたい。

連体形+**것 같다**で「~のようだ、~みたいだ」という推測を表します。
未来や過去のことを話す場合は**같다**の部分ではなく連体形の部分を未
来形、過去形にします。
※連体形の詳しい作り方は94ページをご覧ください。

「お客様がたくさん来たようです」の場合

過去
ソンニミ　マ ニ　オン　ゴッ　カタヨ
손님이 많이 온 것 같아요.

現在
ソンニミ　マ ニ　オヌン　ゴッ　カタヨ
손님이 많이 오는 것 같아요.

未来
ソンニミ　マ ニ　オル　コッ　カタヨ
손님이 많이 올 것 같아요.

動詞・形容詞、名詞に接続。動詞・形容詞の場合は連体形にして**것 같다**を、名詞には**인 것 같다**をつけます。

動詞 좋아하다 (好きだ)　좋아하＋는 것 같다 ➡ 좋아하는 것 같다
形容詞 어리다 (幼い)　어리＋ㄴ 것 같다 ➡ 어린 것 같다

断る時に使う-것 같다

그건 좀 아닌 것 같아요. (それはちょっと違うと思います) のように、自分の意見をソフトに述べる時、やんわりと断る時にも**-것 같다**を使うことができます。直接的な表現を避けるためです。

「忙しくて行けないと思います」の場合

ストレートな表現

パッパソ　モッ カヨ
바빠서 못 가요.

ソフトな表現

パッパソ　モッ カル コッ カタヨ
바빠서 못 갈 것 같아요.

正しい言い方ではありませんが、口語では**같아요**を**같애요**と発音する人もいます。

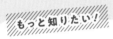

もっと知りたい！

「~するのに」の-는 데

じつは**-는 데**を「~するのに」と訳す場合があります。**-는 데**の後ろに**걸리다／들다** (かかる)、**필요하다** (必要だ) などの単語が続く場合。逆接の**-는데**ではないので注意しましょう。

カンナムニョッカジ　カヌン　デ　サムシッブン　コルリョッソヨ
강남역까지 가는 데 30분 걸렸어요.
カンナム駅まで行くのに30分かかりました。

ハナ　マンドゥヌン　デ　オマノォン　トゥロヨ
하나 만드는 데 5만 원 들어요.
1つ作るのに5万ウォンかかります。

-것 같다 を使いこなす練習をしよう！

Q.1 夜遅くまで練習してるみたいです。

밤 [＿＿＿＿＿＿＿＿].

Q.2 泣きそう。

[＿＿＿＿＿＿＿＿].

（ヒント）울다（泣く）以外の表現で。

Q.3 私が余計なこと言っちゃったかも。

내가 괜히 [＿＿＿＿＿＿＿].

Q.4 修理するのに10万ウォンはかかりそうです。

수리하는 데 10만 원은 [＿＿＿＿＿＿＿].

Q.5 いい人そうだけど？

[＿＿＿＿＿＿＿＿] ?

（ヒント）名詞-인 것 같다を使おう。～だけど：-(으)ㄴ데（114ページ参照）。

Q.6 味がちょっと薄いと思います。

맛이 좀 [＿＿＿＿＿＿＿].

（ヒント）味見した後の感想。

Answer

> パム ヌッケッカジ ヨンスパヌン ゴッ カタヨ
밤 늦게까지 연습하는 것 같아요.

「練習している」という現在形なので연습하는にします。늦게(遅く) + 까지(まで) → 늦게까지 (遅くまで)。

> ヌンムル ラル コッ カタ
눈물 날 것 같아.

눈물(이) 나다は「涙が出る」。まだ泣いていないので未来形-(으)ㄹ 것 같다の形にします。

> ネ ガ クェニ マラン ゴッ カタ
내가 괜히 말한 것 같아.

「言っちゃったかも (過去形)」なので말한。괜히は「無駄に」という意味です。例) 괜히 샀어. (無駄な買い物した)。

> スリハヌン デ シムマノォヌン トゥル コッ カタヨ
수리하는 데 10만 원은 들 것 같아요.

「お金がかかる」は돈이 들다、「時間がかかる」は시간이 걸리다を使います。들다はㄹパッチムがあるのでㄹ脱落 + ㄹ 것 같다の形に。

> クェンチャヌン サラミン ゴッ カトゥンデ
괜찮은 사람인 것 같은데?

괜찮다は「よい」「悪くない」という意味でもよく使われます。例) 생각보다 괜찮네. (思ったよりいいね)。

> マシ チョム シンゴウン ゴッ カタヨ
맛이 좀 싱거운 것 같아요.

「味が薄い」は싱겁다。싱거워요だと直球ですが、例文だとマイルドな表現です。ちなみに「味が濃い、しょっぱいと思います」は짠 것 같아요。

文型
31

-아／어지다 [～になる]

ア　オ　ジ　ダ

얼굴이 빨개졌네요.

オルグリ　ッパルゲジョンネヨ

顔が赤くなってますよ。

※빨갛다：赤い

-아／어지다で「～になる、～くなる」という状態の変化を表します。「赤くなった」「寒くなるよ」など、形容詞＋-아／어지다の形で表します。

[
피부가 좋아져요.　**現在形** -아／어져요

ピ　ブ　ガ　　チョアジョヨ　　　　　　　　　ア　オジョヨ

肌がよくなります

져요は지다を해요体にした形です。
]

↓

[
피부가 좋아졌어요.　**過去形** -아／어졌어요

ピ　ブ　ガ　　チョアジョッソヨ　　　　　　　　ア　オジョッソヨ

肌がよくなりました。
]

形容詞に接続。**해요体**から**요**をとり、**지다**をつけます。

パッチム無 비싸다(高い)…비싸＋지다 → 비싸지다

パッチム有 짧다(短い)…짧아＋지다 → 짧아지다

動詞で「～になる」を表すには？

「行くことになった」「することになった」など、動詞の変化や結果を表す時は**-게 되다**（～になる）を用います。基本的には形容詞は**-아／어지다**、動詞は**-게 되다**を使うと覚えておきましょう。

プ サ ヌ ロ　　イ サ ル ル　　カ ゲ　　ドェッソヨ
● **부산으로 이사를 가게 됐어요.**

プサンへ引っ越すことになりました。

「～になりました」は**-게 됐어요**。**이사(를) 가다**(引っ越しをする)。

動詞に接続。パッチムの有無に関係なく、動詞の原形から**다**をとり**-게 되다**をつけます。

パッチム無 좋아하다(好きだ)…좋아하＋게 되다 → 좋아하게 되다

パッチム有 살다(住む)…살＋게 되다 → 살게 되다

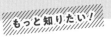

よく耳にする**걔**って何？

걔는 **그 아이**（その子、あの子）の略語。友だちや年下に使うとてもフランクな表現です。**얘(이 아이)**は「この子」、**쟤(저 아이)**は「あの子」。これらの後に**-네(들)**がつくと「～たち」という意味になります。

-아/어지다、-게 되다 を使いこなす練習をしよう！

Q.1 かわいくなりたい！

[　　　　　　]！

ヒント -고 싶다：～したい（24ページ参照）。

Q.2 急に寒くなりましたね。

날씨가 [　　　　　　].

ヒント -네요：～ですね（150ページ参照）。

Q.3 ヨンギョンさんとはどうやって知り合ったんですか？

연경 씨하고는 [　　　　　　]?

ヒント 「知る、わかる」は알다。

Q.4 先生のおかげで発音がよくなりました。

선생님 덕분에 [　　　　　　].

Q.5 あの子と仲良くなりたい。

걔랑 [　　　　　　].

Q.6 ファンミーティング行きたかったのに、行けなくなったよ。

팬미팅 가고 싶었는데 [　　　　　　].

Answer

イェッポジゴ　シポ
≫ 예뻐지고 싶어!

예쁘다（かわいい）+ 아／어지다の形。

ナルッシガ　カプチャギ　チュウォジョンネヨ
≫ 날씨가 갑자기 추워졌네요.

춥다（寒い）+ 아／어지다の形。「急に」は갑자기を使います。날씨は「天気」
の意味です。

ヨンギョン　ッシハゴヌン　オットケ　アルゲ　ドェッソヨ
≫ 연경 씨하고는 어떻게 알게 됐어요?

直訳は「どのように知るようになりましたか？」。動詞なので-게 되다をつな
げましょう。

ソンセンニム　ドゥプネ　パルミ　チョアジョッソヨ
≫ 선생님 덕분에 발음이 좋아졌어요.

좋다（よい）+ -아／어지다。「発音」は발음。名詞＋덕분에は「～のおかげで」
の意味です。

ケラン　チネジゴ　シポ
≫ 개랑 친해지고 싶어.

친하다（親しい）+ 아／어지다。개は「その子、あの子」という意味。

ペンミティン　カ　ゴ　シポンヌンデ　モッ　カ　ゲ　ドェッソ
≫ 팬미팅 가고 싶었는데 못 가게 됐어.

「行けない」は못 가다。팬は「ファン」のこと。

-네요 [～ですね]

ネ　ヨ

하나도 안 변했네.

ハナド　アン　ビョネンネ

ひとつも変わってないね。

-네요(～ですね、～しますね)は感心や驚き、発見を伝える時の表現です。
また独り言でもよく使われます。

● **신발 새로 샀네요.**

シンバル　セロ　サンネヨ

靴、新しく買ったんですね。

● **아직 안 오네.**

ア　ジゥ　ア　ノ　ネ

まだ来ないな。

独り言(～だな)とつぶやく時に。

接続のルール

動詞・形容詞、名詞に接続。動詞・形容詞は原形から**다**をとり**네요**を、名詞
には**(이)네요**をつけます。

動詞 **보이다**(見える)…**보이** ＋ **네요** ➡ **보이네요**

形容詞 **재미없다**(面白くない)…**재미없** ＋ **네요** ➡ **재미없네요**

-네요を使った過去や推測の表現

▶ -았／었네요（～だったんですね）

過去を表す**-았／었**に**네요**をつけます。

> **여기 있었네요.**
> ヨギ　　イッソンネヨ
>
> ここにあったんですね。

▶ -겠네요（～でしょうね）

推測を意味する**-겠**＋**네요**で**-겠네요**（～でしょうね）。

> **아프겠네요.**
> アプゲンネヨ
>
> 痛そうですね。

> **좀 시간이 걸리겠네요.**
> チョム　シ ガ ニ　　コルリゲンネヨ
>
> ちょっと時間がかかりそうですね。

-네요と似たような使い方をする表現に**-군요**がありますが、日常会話で頻度が高いのは断然**-네요**です。

会話で	かしこまった場＆書き言葉で
マシンネヨ **맛있네요.**	マシックニョ **맛있군요.**

////// もっと知りたい！ //////

「よかった」を意味する3つの表現

▶「映画よかったよ」など感想を述べる時　　　**좋았다**　チョアッタ

▶「ケガをしなくてよかった」など安堵・安心した時　**다행이다**　タヘンイダ

▶「受かってよかった」などことがうまく進んだ時　**잘됐다**　チャルドェッタ

-네요 を使いこなす練習をしよう!

Q.1 面白そうですね。

[   ].

ヒント 推測-겠네요を使おう。

Q.2 一回で受かったの? すごいね。

한 번에 붙었어? [   ].

Q.3 ちょっと気まずいな。

좀 [   ].

Q.4 "オットケ"、"オットッケ" あー、こんがらがる!

'어떻게?' '어떡해?' 아, [   ]!

Q.5 日本語の実力、伸びましたね。

일본어 실력 [   ].

ヒント 過去-았/었네요を使おう。

Q.6 昇進したんですか? よかったですね!

승진했어요? [   ]!

ヒント 「昇進する」は승진하다。

152

Answer

チェミッケンネヨ

재밌겠네요.

재밌다は재미있다（面白い）の縮約形。

ハン ボネ ブトッソ テダナネ

한 번에 붙었어? 대단하네.

ほめる時の「すごい」は대단하다。ここでの붙다は、「（試験に）受かる、合格する」という意味。

チョム オセカネ

좀 어색하네.

「気まずい、ぎこちない」は어색하다。

オットケ オットケ ア ヘッカルリネ

'어떻게?' '어떡해?' 아, 헷갈리네!

「こんがらがる」は헷갈리다。어떻게は「どうやって～、どう～」、어떡해は「どうしよう、どうするの」の意で어떻게 해の略です。

イルボノ シルリョク ヌロンネヨ

일본어 실력 늘었네요.

「実力が伸びる」は실력이 늘다。늘다は「増える、伸びる」の意。

スンジネッソヨ チャルドェンネヨ

승진했어요? 잘됐네요!

うまくいった時の「よかった」は잘됐다を使います。잘됐네요で「よかったですね」。

-지요(죠)?
チ ヨ (チョ)

[～でしょう？・～ですよね？]

오늘이 마지막회죠?
オ ヌ リ　　マ ジ マ ク ェ ジ ョ

今日が最終回ですよね?

最後に-**지요?**をつけると「～でしょう？ ～ですよね？」を意味します。
相手に知っていることを確認したい時、同意を求める時の表現です。
会話では-**지요**を-**죠**と縮約することもあります。

● **여기가 이태원이지요?**
ヨ ギ ガ　　イ テ ウォ ニ ジ ョ

ここが梨泰院ですよね?

短く、**이태원이죠?**と言うこともできます。

接続のルール

動詞・形容詞、名詞に接続。動詞・形容詞はパッチムの有無に関係なく原
形から**다**をとり**지요**を、名詞には**(이)지요**をつけます。

動詞 **알다**（知る）…**알** ＋ **지요** → **알지요**

形容詞 **특이하다**（変わっている）…**특이하** ＋ **지요** → **특이하지요**

こんな時にも使う -지요(-죠)

やさしく質問したい時

여기서 얼마나 걸리지요?
ヨ ギ ソ　　オルマナ　　コルリジヨ

ここからどのくらいかかるんでしょうか?

疑問詞(この場合は**얼마나**)がつく場合は「～ですか?」「～でしょうか?」と相手にやさしく
たずねる意味合いに。聞き手が知っているであろうことをたずねます。

自分の意見を聞き手に伝える時に

당연히 기억하지.
タンヨニ　　キオカジ

もちろん覚えているよ。

たとえば「私のこと覚えてますか?」などと聞かれた場合に、
「もちろんだよ!」と親しみをもって相手に伝えるようなニュアンス。

独り言「～かな?」

이 시간에 무슨 일이지?
イ　シガネ　　ムスン　　ニリジ

こんな時間にどうしたのかな?

「どうしたんだろう?」「どうしたのかな?」のような独り言をつぶやく時にも使います。

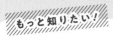

「気をつかう」は韓国語で?

この場合の「気」は**신경**(神経)を使います。定番表現を紹介しましょう。

▶ **신경(을) 쓰다**　神経をつかう → 気をつかう、気にする

누가 뭐라고 하든 신경 안 써요. 誰が何と言おうと気にしません。
ヌガ　ムォラゴ　ハドゥン　シンギョン　アン ッソヨ

▶ **신경(이) 쓰이다**　神経がつかわれる → 気になる

주위 시선이 너무 신경 쓰여요. 周りの視線が気になります。
チュウィ　シソニ　ノム　シンギョン　ッスヨヨ

-지요(죠) ? を使いこなす練習をしよう!

Q.1 冗談ですよね?

〔　　　　　　　　〕?

Q.2 ほんとイケメンでしょ?

진짜 〔　　　　　　　〕?

Q.3 明日来ますよね?

내일 〔　　　　　　　〕?

ヒント -(으)ㄹ 거죠 ? (~するつもりですよね?)。

Q.4 主人公の名前、何だっけ?

주인공 이름 〔　　　　　　　〕?

Q.5 私が韓国に行くの、何でわかったんだろう?

내가 한국에 가는 거 〔　　　　　　　〕?

Q.6 もちろん気になるよ。

당연히 〔　　　　　　　〕.

Answer

ノンダミジョ
≫ 농담이지요?

「冗談」は농담。「冗談です」は농담이에요、장난이에요と言います。

チンッチャ チャルセンギョッチ
≫ 진짜 잘생겼지?

「イケメン、ハンサムだ」は잘생겼다。멋있다（かっこいい）は外見だけでなく言動などにも使えますが、잘생겼다は顔立ちのみに使います。

ネイル オル ッコジョ
≫ 내일 올 거죠?

-(으)ㄹ 거죠?（～するつもりですよね？）は-(으)ㄹ 것이다（～するつもりだ、-(으)ㄹ 거예요の原形）+죠?の形。タメ口は올 거지?（来るよね？）になります。

チュインゴン イルム ムォジ
≫ 주인공 이름 뭐지?

뭐지?は「何だろう？ 何だっけ？」。過去形の뭐였지?は「何だったっけ？」。どちらも頻出フレーズです。

ネガ ハングゲ カヌン ゴ オットケ アラッチ
≫ 내가 한국에 가는 거 어떻게 알았지?

「何でわかったの（知ってるの）？」は어떻게（どうやって）を使って言い表します。왜（なぜ）알았지?とは言いません。

タンヨニ シンギョン ッスイジ
≫ 당연히 신경 쓰이지.

신경(이) 쓰이다で「気になる」。당연히は「もちろん、当然」という副詞です。

-(으)ㄹ 줄 알다／모르다
ウル　チュル　アルダ　　　モルダ

[～できる・～できない]

ハングン　ノレ　ブルル　チュル　アラヨ
한국 노래 부를 줄 알아요 ?
韓国の歌、歌えますか?

줄は「すべ、方法」という意味で、直訳すると「～するすべを知っている／知らない」、転じて「～できる／～できない」を意味します。

イルボノルル　ハル　チュル　アラヨ
● **일본어를 할 줄 알아요.**
日本語ができます。

チョッカラグル　サヨンハル　チュル　モルラヨ
● **젓가락을 사용할 줄 몰라요.**
お箸を使えません。

接続のルール

動詞に接続。原形から다をとりパッチムがない場合はㄹ 줄 알다／모르다、ある場合は을 줄 알다／모르다をつけます。

パッチム無 하다(する)… 하＋ㄹ 줄 알다→할 줄 알다／모르다

パッチム有 읽다(読む)… 읽＋을 줄 알다→읽을 줄 알다／모르다

「～できない」の表現

「～できる／できない」を表す表現には、**-(으)ㄹ 수 있다／없다**という表現もありましたよね(76ページ)。**-(으)ㄹ 줄 알다／모르다**が使えるのは「能力」に関する「できる／できない」だけ。「今日は行けない」「今はできない」のように能力とは無関係な何らかの理由がある場合は、**-(으)ㄹ 수 있다／없다**しか使えません。

▶ 「水泳ができない」という場合

> スヨンハル チュル モルラヨ
> # 수영할 줄 몰라요. (○)
> (能力がなくて)水泳ができません。

> スヨンハル ス オプソヨ
> # 수영할 수 없어요. (○)
> (能力がなくて)水泳ができません。
> どちらを使っても正解。

▶ 足をケガしたので水泳ができません

> 다리를 다쳐서 수영할 줄 몰라요. (×)
> タリルル タチョソ スヨンハル ス オプソヨ
> # 다리를 다쳐서 수영할 수 없어요. (○)
> 理由があってできない場合は、**-(으)ㄹ 수 없다**しか使えません。

///// もっと知りたい！ /////

「英語ができます」の正しい助詞は?

「英語ができます」を**영어가 할 줄 알아요**と表現するのは間違い。なぜなら「～が(できる／できない)」は助詞**-이／가**(～が)ではなく、**-을／를**(～を)を使うためです。正しくは**영어를 할 줄 알아요**。これは**-(으)ㄹ 수 있다／없다**も同じでしたね。ただし会話ではよく省略されます。

-(으)ㄹ 줄 알다/모르다 を使いこなす練習をしよう!

Q.1 ピアノ弾けます。

피아노 [＿＿＿＿＿＿＿].

Q.2 ハングル読めますか?

한글 [＿＿＿＿＿＿＿]?

Q.3 自転車が壊れているので、 乗ることができません。

자전거가 고장 나서 [＿＿＿＿＿＿＿].

Q.4 信じられない! ラーメンも作れないの?

말도 안 돼! 라면도 [＿＿＿＿＿＿＿]?

Q.5 話があるんですが、 ちょっと会えますか?

할 얘기가 있는데 잠깐 [＿＿＿＿＿＿＿]?

Q.6 英語ができる人が1人もいません。

[＿＿＿＿＿＿＿] 사람이 한 명도 없어요.

ヒント ～する人: -는 사람は連体形です (94ページ参照)。

Answer

ピアノ　チル　チュル　アラヨ
피아노 칠 줄 알아요.

「弾く」は**치다**。能力があるかどうかたずねているので**칠 수 있어요**でもOK。

ハングル　イルグル　チュル　アラヨ
한글 읽을 줄 알아요?

「読む」は**읽다**。**한글 읽을 수 있어요?**と言ってもOK。

チャジョンゴガ　コジャン　ナソ　タル　ス(ガ)　オプソヨ
자전거가 고장 나서 탈 수 (가) 없어요.

能力がないのではなく、事情があってできないので**-(으)ㄹ 수 없다**を使います。「壊れる」は**고장(이) 나다**。

マルド　アンデ　ラミョンド　ックリル　チュル　モルラ
말도 안 돼! 라면도 끓일 줄 몰라?

「ラーメンを作る」は**끓이다**（沸かす）を使って**라면을 끓이다**と言います。**말도 안 돼**（ありえない）は信じられない時のフレーズ。

ハル　イェギガ　インヌンデ　チャムカン　ボル　ス　イッスルッカヨ
할 얘기가 있는데 잠깐 볼 수 있을까요?

会えるかどうか都合や事情を聞いているので、**-(으)ㄹ 줄 알다**は×。「会えますか？」は**만날 수 있을까요?**と言うこともできます。

ヨンオルル　ハル　チュル　アヌン　サラミ　ハン　ミョンド　オプソヨ
영어를 할 줄 아는 사람이 한 명도 없어요.

能力があるかどうかなので**영어를 할 수 있는**でもOK。**한 명도**は「1人も」。例）**하나도**（1つも）、**한 개도**（1個も）、**한 장도**（1枚も）。

-기 싫다 [~したくない]

キ シルタ

내일 출근하기 싫다.

ネイル チュルグナギ シルタ

明日出勤したくないな。

動詞+**-기**（すること）+**싫다**（嫌だ）で「〜することが嫌だ」→「〜したくない」の意味。**-기**の後に助詞の**-가**を加えることもあります。

● 말하기(가) 싫어요.

マラギ （ガ） シロヨ

言いたくありません。

接続のルール

動詞に接続。パッチムの有無に関係なく、原形から**다**をとり**기 싫다**をつけます。

パッチム無 하다(する)… 하＋기 싫다 ➜ 하기 싫다

パッチム有 듣다(聞く)… 듣＋기 싫다 ➜ 듣기 싫다

「～しやすい」「～しにくい」を覚えよう

-기の後に**좋다／힘들다**（よい／大変だ）、**쉽다／어렵다**（やさしい／むずかしい）、**편하다／불편하다**（楽だ/不便だ）が続くと「～しやすい」「～しにくい」の意味合いになります。

～しやすい	～しにくい
キ チョタ **-기 좋다** よい	キ ヒムドゥルダ **-기 힘들다** 大変だ
キ シュイプタ **-기 쉽다** やさしい	キ オリョプタ **-기 어렵다** むずかしい
キ ピョナダ **-기 편하다** 楽だ	キ ブルピョナダ **-기 불편하다** 不便だ

シ ゴ リ ラ ソ　テクシ　チャプキガ　ヒムドゥロヨ
● 시골이라서 택시 잡기가 힘들어요.

田舎なのでタクシーを拾うのが大変です。

잡다（つかまえる）**+기 힘들다**。**잡기가 어려워요**でもOK。

もっと知りたい！

3つの「やめる」

「やめる」という意味の韓国語には、**그만두다／관두다**、**그만하다**、**끊다**があります。それぞれ以下のように使い分けます。

▶ **그만두다/관두다** ➡ 会社や学校などをやめる

ハグォヌル　クマンドゥダ
학원을 그만두다 塾をやめる

▶ **그만하다** ➡ 行動や話などをやめる

チャンソリルル　クマナダ
잔소리를 그만하다 小言をやめる

▶ **끊다** ➡ お酒やたばこなど、悪習をやめる

タムベルル　ックンタ
담배를 끊다 タバコをやめる

-기 싫다 ＋α を使いこなす練習をしよう!

Q.1 雨降ってるから、外に出たくないのに。

비 오니까 밖에 ⬚ **.**

ヒント -(으)ㄴ데:～なのに（114ページ参照）。

Q.2 骨が多くて食べるのが大変です。

가시가 많아서 ⬚ **.**

Q.3 ご飯作るのめんどくさい。

⬚ **.**

ヒント -기 귀찮다（～するのがめんどうだ）を使おう。

Q.4 通勤が楽なところに引っ越したいな。

회사 ⬚ **곳에 이사하고 싶어.**

ヒント 「～なところ」は-(으)ㄴ 곳。

Q.5 かばんが軽いので持ち歩きやすいです。

가방이 가벼워서 ⬚ **.**

Q.6 そんなにしたくないなら辞めなよ。

그렇게 ⬚ **관둬.**

ヒント -(으)면:～なら（110ページ参照）。

—— Answer ——

ピ　オニッカ　ッパッケ　ナガギ　シルンデ
비 오니까 밖에 나가기 싫은데.

나가기 싫다で「出て行くのが嫌だ」→「出たくない」を表します。

カシガ　マナソ　モッキガ　ヒムドゥロヨ
가시가 많아서 먹기가 힘들어요.

힘들다の代わりに**어렵다**（むずかしい）、**불편하다**（不便だ）と言い換えることもできます。

パバギ　クィチャナ
밥하기 귀찮아.

밥(을) 하다は「ご飯を作る」という意味。

フェサ　タニギ　ピョナン　ゴセ　イサハゴ　シボ
회사 다니기 편한 곳에 이사하고 싶어.

ここでの**다니다**は「(学校・会社などに) 通う」。「～に通う」は**-에 다니다**、**-을／를 다니다**どちらも使いますが、助詞は省くことも多いです。

カバンイ　カビョウォソ　トゥルゴ　タニギ　チョアヨ
가방이 가벼워서 들고 다니기 좋아요.

들고 다니다（들다 持つ＋다니다 行き来する）で「持ち歩く」。**좋아요**の代わりに**편해요**（楽です）にしても正解。**가볍다**は「軽い」という意味です。

クロケ　ハ　ギ　シルミョン　クァンドゥオ
그렇게 하기 싫으면 관둬.

「したくない」は**하기 싫다**。**관두다**は「やめる」という意味。

-다 [~だ・~ね]

ボルッソ　ヨドルシダ
벌써 8시다!
もう8時だ!

動詞+ㄴ／는다、形容詞+다の形で「~(だ)よ、~ね」を意味し、友人とのくだけた会話で使われます。また感嘆の気持ちを表す時、独り言を言う時に使います(感嘆を表す場合は-네요と似たニュアンス)。 **-다**の形ですが、動詞や形容詞を原形のまま使っているわけではないので注意しましょう。

チンッチャ　チャルセンギョッタ
● **진짜 잘생겼다.**
ほんとかっこいいな。

モンジョ　カンダ
● **먼저 간다.**
先に行くよ。

接続のルール

動詞・形容詞、名詞に接続。動詞は原形から**다**をとりパッチムがない場合は**ㄴ다**、ある場合は**는다**、形容詞はパッチムの有無に関係なく**다**をとり**다**、名詞は**(이)다**をつけます。

動詞 **가다** (行く) …………… **가** + **ㄴ다** → **간다**

形容詞 **멋있다** (かっこいい) … **멋있** + **다** → **멋있다**

推測して気持ちを伝える -겠다

「楽しそう！」「おいしそう」「つらそう」など、推測して気持ちを伝えたい時は -겠다（〜そう）を使います。

▧ セールのチラシを見て…

オヌル　サラミ　マンケッタ
오늘 사람이 많겠다.

今日人多そう。

▧ 今日も残業だという同僚に…

チンッチャ　ヒムドゥルゲッタ
진짜 힘들겠다.

ほんと大変そう。

接続のルール

動詞・形容詞に接続。原形から다をとり、겠다をつけます。

形容詞 아프다（痛い）… 아프 ＋ 겠다 ➔ 아프겠다

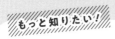

感情を表す -되다

名詞 ＋ **되다** で感情を表すさまざまな動詞が作れます。

▶ 긴장되다（緊張する）

キンジャンドェソ　ソニ　ットゥルリョ
긴장돼서 손이 떨려. 緊張して手が震えるよ。

▶ 걱정되다（心配だ）

チョウミラ　コッチョンドェヨ
처음이라 걱정돼요. 初めてなので心配です。

▶ 후회되다（後悔する）

アン サン ゲ フフェドェヨ
안 산 게 후회돼요. 買わなかったのを後悔してます。

-다 を使いこなす練習をしよう!

Q.1 いいなぁ。

[　　　　　　　　　　].

ヒント　推測の**-겠다**を使おう。

Q.2 あ、そうだ!　明日休みだ。

아, [　　　　　　　　]! 내일 [　　　　　　　　].

Q.3 カムバックすごく楽しみ!

컴백 너무 [　　　　　　　]!

Q.4 ケガしなくてよかった。

안 다쳐서 [　　　　　　　].

Q.5 これあげたら喜びそう。でしょ?

이거 주면 [　　　　　　　]. 그치?

ヒント　推測の**-겠다**を使おう。

Q.6 1人で全部食べたの?　本当ひどい!

혼자 다 먹었어? [　　　　　　　　], 진짜!

168

A n s w e r

> チョケッタ
> **좋겠다.**

うらやましい時の「いいな」は**좋겠다**で表します。

> ア マッタ ネイル シュイヌン ナリダ
> **아, 맞다! 내일 쉬는 날이다.**

맞다!（そうだ！）は思い出した時のフレーズ。**쉬는 날**は「休む日」で「休日」
のこと。

> コムペク ノム キデドェンダ
> **컴백 너무 기대된다!**

「楽しみだ」は**기대되다**。**기대**は漢字で「期待」。**컴백**とはおもに「歌手が新曲
のために活動を再開すること」を指します。

> アン ダチョソ タヘンイダ
> **안 다쳐서 다행이다.**

다행（多幸）**이다**は「よかった」。ホッとした時、安堵した時の表現です。**다
치다**は「ケガをする」。

> イゴ ジュミョン チョアハゲッタ クチ
> **이거 주면 좋아하겠다. 그치?**

좋아하다は「好きだ」以外に「喜ぶ」という意味にもなります。**그치?**は**그렇지?**
の略で「（そう）でしょ？」（口語）

> ホンジャ タ モゴッソ ノムハダ チンッチャ
> **혼자 다 먹었어? 너무하다, 진짜!**

너무하다は「ひどい、あんまりだ」で、相手の言動に腹が立った時の表現。「1
人で」は**혼자(서)**。혼자로は間違いなので注意。

文型 37

-잖아요 [~じゃないですか]
チャナヨ

クェンチャナ
괜찮아!
ウリ　チングジャナ
우리 친구잖아.

大丈夫！
私たち友だちじゃない。

「～じゃないですか」を意味する**-잖아요[자나요]**は相手に再確認する時や、思い出させる時の表現。口調によっては主張が強い感じにもなります。日本語も同じですよね。

コ　ギ　　イッチャナヨ
● 거기 있잖아요.

そこにある（いる）じゃないですか。

アジク　スオプ　チュンイジャナヨ
● 아직 수업 중이잖아요.

まだ授業中じゃないですか。

接続のルール

動詞・形容詞、名詞に接続。動詞・形容詞はパッチムの有無に関係なく、原形から**다**をとり**잖아요**、名詞はパッチムがない場合は**잖아요**、ある場合は**이잖아요**をつけます。

動詞 알다（知る）… 알＋**잖아요** → 알잖아요

形容詞 싸다（安い）… 싸＋**잖아요** → 싸잖아요

過去形で使う場合

過去形は-았/었잖아요（～したじゃないですか）の形にします。

オヌルン　タルン　ゴ　モクチャ　チョバプ　オジェド　モゴッチャナ
● **오늘은 다른 거 먹자. 초밥, 어제도 먹었잖아.**

今日は違うの食べようよ。 お寿司、 昨日も食べたじゃない。

話を切り出す **있잖아**

있잖아(요)は話を切り出す時のフレーズにもなります。

イッチャナ　ハル　イェギガ　インヌンデ
● **있잖아, 할 얘기가 있는데….**

あのさ、 話したいことがあるんだけど。

///もっと知りたい！///

会話でよく使う근데(그런데)

근데は그런데の略語で、会話で多用されるカジュアルな表現。次のような
2つの意味があります。

▶逆接（でも）

ミグゲソ　イニョン　サラッテ　クンデ　ヨンオルル　モタンデ
미국에서 2년 살았대. 근데 영어를 못한대.

アメリカで2年暮らしたんだって。 でも英語ができないらしいよ。

▶会話を切り出す、話題を変える（ところで）

クンデ　オヌル　ムォ　ハルッカヨ
근데 오늘 뭐 할까요?

ところで今日何しましょうか？

-잖아요 を使いこなす練習をしよう!

Q.1 でもあそこ、高いでしょう。

근데 [　　　　　　　].

Q.2 お金もったいないじゃないですか。

돈 [　　　　　　　].

Q.3 びっくりしたじゃない。

깜짝 [　　　　　　　].

Q.4 私が言ったじゃないですか。

제가 [　　　　　　　].

Q.5 A：(息子に) 塾行かないの?

아들! 학원 안 가?

　　アドゥル　　ハグォン アン ガ

B：今日日曜日じゃん。

오늘 [　　　　　　　].

/ A n s w e r \

>> **근데 거기 비싸잖아요.**
クンデ　コギ　ビッサジャナヨ

근데は口語の「でもさ、でもね」の意味。

>> **돈 아깝잖아요.**
トン　アッカプチャナヨ

「もったいない」は**아깝다**。

>> **깜짝 놀랐잖아.**
ッカムッチャク　ノルラッチャナ

「驚く」は**놀라다**。強調したい時は**깜짝**を前に加えます。**놀라다**の代わりに**놀래다**を使う人もいますが、**놀래다**の本来の意味は「驚かす」です。

>> **제가 말했잖아요.**
チェガ　マレッチャナヨ

그랬잖아요（言ったじゃないですか）と言い換えることもできます。

>> **오늘 일요일이잖아(요).**
オヌル　イリョイリジャナ（ヨ）

아들は「息子」という意味ですが、親が名前の代わりに**아들**、**딸**（娘）と呼ぶこともあります。

-이었어요／-였어요

[～でした]

オ ヌル　コンヨン　チェゴ ヨッソ ヨ

오늘 공연 최고였어요!

今日の公演、最高でした！

動詞や形容詞の過去形は、語幹＋았／었어요で表します。しかし、名詞の過去形は、-였어요／-이었어요（～でした）の形に。「○○（名詞）＋～です」は簡単に作れますが、「○○（名詞）＋～でした」は迷いやすいので、この機会にしっかり定着させてくださいね。

	パッチムなし	パッチムあり
～です	**-예요** ホンジャエヨ 例 **혼자예요** 1人です	**-이에요** カトゥン　バ ニ エ ヨ 例 **같은 반이에요** 同じクラスです
～でした	**-였어요** ホンジャヨッソヨ 例 **혼자였어요** 1人でした	**-이었어요** カトゥン　バ ニ オッソ ヨ 例 **같은 반이었어요** 同じクラスでした

名詞にのみ接続。パッチムがない場合は**였어요**、ある場合は**이었어요**をつけます。

パッチム無 친구(友だち)…친구 **＋였어요 →** 친구였어요

パッチム有 생일(誕生日)…생일 **＋이었어요 →** 생일이었어요

疑問詞には-였어요をつける

누구／어디／언제／뭐などの疑問詞は「(疑問詞)ですか？、でしたか？」と言うことができます。パッチムがないので過去形はすべて＋**-였어요**で表します（現在形は**-예요**になります）。

ヌグヨッソヨ
● **누구였어요?**
誰でしたか？

オディヨッソヨ
● **어디였어요?**
どこでしたか？

オンジェヨッソヨ
● **언제였어요?**
いつでしたか？

ムォヨッソヨ
● **뭐였어요?**
何でしたか？

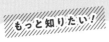

-같은と-처럼の使い分け

どちらも前に名詞をつけて「～のよう」といった意味ですが、使い方が違います。**-같은**は後ろに名詞、**-처럼**は後ろに動詞・形容詞がつきます。

▶ **같은** (～のような) + 名詞

チェルリ カトゥン シクカム
젤리 같은 식감
グミのような食感

▶ **처럼** (～のように) + 動詞・形容詞

チェルリチョロム ッチョンドゥックッチョンドゥケヨ
젤리처럼 쫀득쫀득해요
グミのようにモチモチです。

-이었어요/-였어요를 使いこなす練習をしよう!

Q.1 私と同い年でした。

저랑 [　　　　　　　].

Q.2 夢のような時間でした。

꿈 같은 [　　　　　　　].

Q.3 映画、すごく感動的だったよ。

영화 정말 [　　　　　　　].

Q.4 電話したけど話し中でした。

전화했는데 [　　　　　　　].

(ヒント) ~中:중。

Q.5 試験、10時からだったよね?

시험 [　　　　　　　]?

(ヒント) ~よね?: -지? (154ページ参照)。

Q.6 元々行かないつもりだったのに。

원래 [　　　　　　　].

(ヒント) ~するつもりだ: -(으)ㄹ 생각이다

176

音声もCHECK!

/ A n s w e r \

チョラン　トンガビオッソヨ

저랑 동갑이었어요.

동갑（同い年）はパッチムがあるので**-이었어요**が正解。じつはネイティブも間違いやすく、**-이였어요**と書いたり、発音したりしがちです。

ックム ガトゥン　シ ガ ニ オッソ ヨ

꿈 같은 시간이었어요.

꿈（夢）+ **같은**（のような）+ **시간**（時間）。

ヨンファ チョンマル　カムドンジョギオッソ

영화 정말 감동적이었어.

「感動的だ」は**감동적이다**。**감동(을) 받다**（感動する）を使って、**감동받았어**とも表現できます。

チョナヘンヌンデ　トンファ　ジュンイオッソヨ

전화했는데 통화 중이었어요.

통화は「通話」、**-중**は「〜中」の意味。**통화하다**（通話する）は「電話する」と同じニュアンスで使われています。

シホム　ヨルシブトヨッチ

시험 10시부터였지?

10시の発音は[열씨]。「〜から」の助詞は2つあり、「(時間)から」は**부터**、「(場所)から」は**에서**を使います。

ウォルレ　アン ガル　センガギオンヌンデ

원래 안 갈 생각이었는데.

안 가려고 했는데と言ってもOK。**원래**（元来）は「元々」という意味。発音は[월래]になります。

-거든요 [～なんですよ]
コドゥンニョ

ナムジャチングラン　ッサウォッコドゥンニョ
남자친구랑 싸웠거든요.

彼氏とケンカしたんですよ。

-거든요は「～なんですよ」と理由を伝える時の口語表現。質問に答える時、依頼や提案をする時、断る時などいろいろなシーンで使われますが、いずれもそうする理由を述べる時に使います。「～だったんですよ」（過去）の場合は動詞・形容詞を-았／었거든요の形にして使いましょう。

ネイルン　アン　ドェヨ　ヤクソギ　イッコドゥンニョ
● 내일은 안 돼요. 약속이 있거든요.

明日はだめです。 約束があるんですよ。

ナムジャ　チングガ　ハングク　サラミゴドゥンニョ
● 남자 친구가 한국 사람이거든요.

彼氏が韓国人なんですよ。

「韓国語お上手ですね」などの質問に答える場合にも使えます。

話の導入として -거든요 を使う

話の最初に **-거든요** を持ってくると、「今から話が続きますよ」といっ
たニュアンスを伝えることができます。**거든요** はよく **[거든뇨]** と発音
されます。

チュク　カミョン　　ヤックギ　イッコドゥンニョ　　ク　ヤックッ　ヨ ペ　イッソヨ
● **쭉 가면 약국이 있거든요. 그 약국 옆에 있어요.**
　まっすぐ行くと薬局があるんですよ。その薬局の横にあります。

///// もっと知りたい！ /////

イラッとした時の거든요

-거든요 は強めに否定する時やイラッとした時にも使われます。

ナ ド　アルゴドゥン	ピリョ　オプコドゥン	トェッコドゥンニョ	アニゴドゥンニョ
나도 알거든.	**필요 없거든.**	**됐거든요!**	**아니거든요?**
私も知ってるから。	いらないから。	結構です！	違いますけど？

-거든요 を使いこなす練習をしよう!

Q.1 この本、面白いんですよ。 一度読んでみてください。

이 책 [　　　　　　　]. 한번 읽어 보세요.

Q.2 最近食欲ないんだ。

요즘 [　　　　　　　].

Q.3 私、すごく人見知りするんですよ。

제가 낯을 많이 [　　　　　　　].

Q.4 昨日3時間しか寝られなかったんですよ。

어제 [　　　　　　　].

(ヒント) 過去-았/었거든요を使おう。

Q.5 なぜならここが一番安いんですよ。

왜냐면 여기가 [　　　　　　　].

Q.6 ごめん。バスを乗り間違えた (「何で遅れたの?」と聞かれて)。

미안. 버스를 [　　　　　　　].

／ A n s w e r ＼

이 책 재미있거든요. 한번 읽어 보세요.

イ チェク チェミイッコドゥンニョ　ハンボン イルゴ　ボセヨ

「面白くないんですよ」は재미없거든요と表します。

요즘 입맛이 없거든.

ヨジュム　イムマシ　オプコドゥン

「食欲がない」は입맛이 없다。「食べたくない」という意味の(밥) 생각(이) 없다も頻出フレーズです。

제가 낯을 많이 가리거든요.

チェガ ナチュル　マ ニ　カリゴドゥンニョ

「人見知りする」は낯(을) 가리다と表現します。낯は「顔」、가리다は「隠す」という意味。낯가림이 심하다（人見知りが激しい）でもOKです。

어제 3시간밖에 못 잤거든요.

オジェ　セシガンパッケ モッ チャッコドゥンニョ

「寝られなかった」は못 잤다。-밖에（〜しか）の後ろは否定文のみ。ちなみに-만（〜だけ）は肯定文、否定文ともに使えます。

왜냐면 여기가 제일 싸거든요.

ウェニャミョン ヨギガ　チェイル ッサゴドゥンニョ

「一番〜」は제일（第一）を使います。왜냐면は왜냐하면（なぜなら）の略。会話でよく出てきます。

미안. 버스를 잘못 탔거든.

ミアン　ボスルル　チャルモッ タッコドゥン

「乗り間違える」は잘못 타다。잘못＋動詞で「間違えて〜する」。
例）잘못 쓰다（書き間違える）、잘못 듣다（聞き間違える）

-아／어 있다 [~している]
ア オ イッタ

아직도 누워 있어!?
アジット ヌウォ イッソ

まだ寝てるの!?

-아／어 있다（～している）には、ある行動が完了した後「その状態が持続されている」時に用いる決まりがあります。

벽에 시계가 걸려 있어요.
ピョゲ シゲガ コルリョ イッソヨ

壁に時計がかかっています。

장미꽃이 피어 있어요.
チャンミッコチ ピオ イッソヨ

バラの花が咲いています。

接続のルール

動詞に接続。**해요体から요をとり、있다**をつけます。

パッチム無 쓰이다 (書かれる) …쓰여＋있다 ➡ 쓰여 있다

パッチム有 눕다 (横たわる) ……누워＋있다 ➡ 누워 있다

-아/어 있다と相性のよい動詞

「～している」という表現には、ここで紹介している①-**아/어 있다**（～している）のほかに、②「食べている」「聞いている」など、いまその行動をしていることを表す**-고 있다**（～している）があります。どちらを使えばよいか迷いがちなので、**-아/어 있다**がよく使われる動詞を紹介しましょう。

トゥルダ **들다** 入る	トゥロ イッタ **들어 있다** 入っている	コルリダ **걸리다** かかる	コルリョイッタ **걸려 있다** かかっている
キョジダ **켜지다** つく	キョジョ イッタ **켜져 있다** ついている	ッコジダ **꺼지다** 消える	ッコジョ イッタ **꺼져 있다** 消えている
ヨルリダ **열리다** 開く	ヨルリョ イッタ **열려 있다** 開いている	タチダ **닫히다** 閉まる	タチョ イッタ **닫혀 있다** 閉まっている

////// もっと知りたい！ //////

助詞に気をつけよう！

主語が何かによって助詞が変わります。たとえば「（人が）電気をつける」なら**-을/를**（を）**켜다**、「電気がつく」なら電気が主語なので**-이/가**（が）**켜지다**になります。意外に混乱しやすいので注意しましょう。

-을/를 켜다 ～をつける　　　**-이/가 켜지다** ～がつく
-을/를 끄다 ～を消す　　　　**-이/가 꺼지다** ～が消える
-을/를 열다 ～を開ける　　　**-이/가 열리다** ～が開く
-을/를 닫다 ～を閉める　　　**-이/가 닫히다** ～が閉まる

-아/어 있다 を使いこなす練習をしよう!

Q.1 中に何が入ってるの?

안에 뭐가 [ ] ?

Q.2 電気がついてるな。

불이 [ ] .

（ヒント）「～だな」は-네(150ページ参照)。

Q.3 先に行ってるね。

먼저 [ ] .

（ヒント）～するね:-(으)ㄹ게 (122ページ参照)。

Q.4 窓が開いてましたよ。

창문이 [ ] .

Q.5 教室に入ったらみんなイスに座っていました。

교실에 들어가니까 모두 의자에 [ ] .

Q.6 鍵がかかっていて入れません。

문이 [ ] 못 들어가요.

Answer

アネ ムォガ トゥロ イッソ

≫ **안에 뭐가 들어 있어?**

「入る」は**들다**。**안**は「(空間や物体の) 中」という意味です。

ブリ キョジョ インネ

≫ **불이 켜져 있네.**

「(電気が) つく」は**켜지다**。**불**は「火」のほかに「電気」という意味もあります。

モンジョ カ イッスルケ

≫ **먼저 가 있을게.**

「先に行ってて」は**먼저 가 있어**。**가 있다**(行っている) はその場に到着している、**가고 있다**はその場に向かっているニュアンスです。

チャンムニ ヨルリョ イッソッソヨ

≫ **창문이 열려 있었어요.**

開いたままをキープした状態なので、**열리다**(開く) ＋ **아／어 있었다**(〜していた)。

キョシレ トゥロガニッカ モドゥ ウィジャエ アンジャ イッソッソヨ

≫ **교실에 들어가니까 모두 의자에 앉아 있었어요.**

座ったままをキープした状態。ちなみに「立っている」は**서 있다**。

ムニ チャムギョ イッソ モッ トゥロガヨ

≫ **문이 잠겨 있어서 못 들어가요.**

「鍵がかかる／鍵をかける」は**열쇠**(鍵) ではなく**문**(ドア) を使います。**문이 잠기다**(鍵がかかる) ／**문을 잠그다**(鍵をかける)

知ると楽しいコングリッシュ

「アレルギー」や「コンセント」といった和製英語（ジャパングリッシュ）のように、韓国にも英語が韓国語に取り込まれて生まれた独自の言葉、コングリッシュがあります。動画やバラエティ番組でもよく使われています。

dark circle **다크서클** 目の下のくま	lip sync **립싱크** 口パク
refill **리필** おかわり	dubbing **더빙** 吹き替え
carrier **캐리어** スーツケース	couple look **커플룩** ペアルック
gagman **개그맨** お笑い芸人	sun cream **선크림** 日焼け止めクリーム
health場 **헬스장** スポーツジム	two job **투잡** 副業
ambulance **앰뷸런스** 救急車	hood T **후드티** パーカー

※一部外来語も含まれています。

表現力にめきめき
自信がついてくる！

レベルアップ10

本章では少しレベルアップを狙います。
日本のテキストではあまり解説されないけれど、
じつはネイティブがよく使う
そんな表現も取り上げてみました。

-(으)ㄹ래요?

ウ　ル　レ　ヨ

[～しましょうか？・～しますか？]

저기 앉을래요?

チョギ　アンジュルレヨ

あそこに座りましょうか？

-(으)ㄹ래요? （～しましょうか？　～しますか？）は親しい人に使う口語表現。相手の意思をたずねたり、提案したりする時に使います。

▱ 意思をたずねる ➜ ～しますか？

[커피 드실래요?

コ　ピ　トゥシルレヨ

コーヒー召し上がりますか？]

▱ 提案・勧誘 ➜ ～しましょうか？

[테니스 치러 갈래요?

テニス　チ　ロ　ガルレヨ

テニスしに行きましょうか？]

似た表現に-(으)ㄹ 거예요? （～するつもりですか？）、-(으)ㄹ까요? （～しましょうか？）がありますが、-(으)ㄹ래요? は親しみを込めた軽いニュアンスで使われます。

動詞に接続。動詞の原形から**다**をとりパッチムがない場合は**ㄹ래요**、ある
場合は**을래요**をつけます。

パッチム無 보다 (見る) …보 **+** ㄹ래요 **→** 볼래요

パッチム有 먹다 (食べる) …먹 **+** 을래요 **→** 먹을래요

一人称の-(으)ㄹ래요

-(으)ㄹ래요は話し手の意思を表す時にも使います。こちらもフラン
クな表現です。

相手に提案する・意思をたずねる （左ページで解説）	カチ ハルレヨ **같이 할래요?** 一緒にしませんか？
話し手の意思を表す 〜します	ホンジャ ハルレヨ **혼자 할래요.** 1人でします。

ウリ チベ オルレヨ
Ⓐ 우리 집에 올래요?

うちの家に来ませんか？

タウメ カルレヨ
Ⓑ 다음에 갈래요.

今度行きますね。

もっと知りたい！

目上の人には-(으)실래요?を使う

目上の人にたずねる時は敬語の-(으)시を加えましょう。ていねいさが加
わります。

カチ ボシルレヨ
같이 보실래요?

一緒に見ましょうか？

ヨギ アンジュシルレヨ
여기 앉으실래요?

ここにお座りになりますか？

-(으)ㄹ래요? を使いこなす練習をしよう!

Question

Q.1 週末、 時間あったら桜を見に行きませんか?

주말에 시간 되면 벚꽃 [   ]?

Q.2 面白そう。 私もしてみる!

재밌겠다. [   ]!

Q.3 地下鉄乗って行く? それとも歩いて行く?

지하철 [   ]? 아니면 [   ]?

Q.4 これ1つ残ってるんだけど、 食べませんか?

이거 하나 남았는데 [   ]?

Q.5 ちょっと手伝ってくれませんか?

좀 [   ]?

ヒント 敬語の-(으)실래요? を使おう。

Q.6 今日はもう家にいるよ。

오늘은 그냥 [   ].

190

── Answer ──

チュマレ シガン ドェミョン ポッコッ ボロ ガルレヨ
주말에 시간 되면 벚꽃 보러 갈래요?

「勧誘」を表した例文です。「見に行く」は**보러 가다**。ここでの**시간(이) 되다**は「時間がある」という意味です。

チェミッケッタ ナド ヘ ボルレ
재밌겠다. 나도 해 볼래!

해 보다（してみる）+**ㄹ래**で話し手の意思を表します。

チハチョル タゴ ガルレ アニミョン コロガルレ
지하철 타고 갈래? 아니면 걸어갈래?

「乗って行く」は**타고 가다**、「歩いて行く」は**걸어가다(걸어서 가다)**。**아니면**は「それとも」という意味です。

イゴ ハナ ナマンヌンデ アン モグルレヨ
이거 하나 남았는데 안 먹을래요?

안 -(으)ㄹ래요? で「～しませんか？」という勧誘表現になります。
例) **같이 안 갈래?** 一緒に行かない？

チョム トワジュシルレヨ
좀 도와주실래요?

「～してくれませんか？」と頼む時は**-아／어 줄래요?**、**-아／어 주실래요?**（敬語）を使いましょう。タメ口は**-아／어 줄래?**

オヌルン クニャン チベ イッスルレ
오늘은 그냥 집에 있을래.

그냥は「ただ、なんとなく」。とくに理由や意味がない時などに使います。

-대요 [~だそうです・~ですって]

ク イェギ トゥロッソ
그 얘기 들었어?

ミノ ット チャヨッテ
민호 또 차였대.

あの話聞いた？
ミノ、またフラれたんだって。

※차이다：フラれる

「～だと言う」「～と聞いた」など伝聞したことをほかの人に伝える話し方を間接話法と言います。中級以降に学ぶ文法ですが、-대요（～だそうです、～ですって）を覚えてみましょう。表現がぐっと広がります。ちなみに-대요は-다고 하다（間接話法）の縮約形です。

オンジェ カンデヨ
Ⓐ 언제 간대요?

いつ行くと言っていましたか？

タウム チュエ カンデヨ
Ⓑ 다음 주에 간대요.

来週行くそうです。

接続のルール

> 動詞・形容詞に接続。動詞は原形から다をとりパッチムがない場合はㄴ대요、ある場合は는대요をつけます。形容詞はパッチムの有無に関係なく、原形から다をとり대요をつけます。
>
> **動詞** 걸리다（かかる）…걸리 ＋ ㄴ대요 → 걸린대요
>
> **形容詞** 괜찮다（大丈夫だ）… 괜찮 ＋ 대요 → 괜찮대요

「～だったそう」と過去の伝聞を言いたい場合は、過去形-았/었대요を
つけます。

Ⓐ 둘이 싸웠대.
トゥリ ッサウォッテ

2人ケンカしたんだって。

Ⓑ 왜 싸웠대?
ウェ ッサウォッテ

何でケンカしたって?

> **名詞の場合は?**

「〇〇（名詞）だそう」と言う場合は名詞に-(이)래요をつけます。

Ⓐ 누구 팬이래요?
ヌグ ペニレヨ

誰のファンだと言っていましたか?

Ⓑ KJ 팬이래요.
ケイジェイ ペニレヨ

KJのファンだそうです。

接続のルール

名詞に接続する時は、パッチムがない場合は래요、ある場合は이래요をつ
けます。

パッチム無 여기 (ここ) …여기＋래요 → 여기래요

パッチム有 학생 (学生) …학생＋이래요 → 학생이래요

///// **もっと知りたい!** /////

「～のほうが」の作り方は簡単

比較を表す「～のほうが」は-이/가 더（～がもっと）と表現します。2つ
を明確に比較する時は-보다（～より）を加え、더は省略可能です。

내가 더 잘해.
ネガ ト チャレ

私のほうが上手だよ。

치마보다 바지가 (더) 편해요.
チマボダ バジガ （ト） ピョネヨ

スカートよりズボンのほうが楽です。

-대요 を使いこなす練習をしよう!

Q.1 私より年上だそうです。

저보다 [   ].

Q.2 こっちのほうがいいって。

이게 더 [   ].

(ヒント) 좋다(よい)以外を使おう。

Q.3 新しくオープンしたカフェ、 雰囲気すごくいいらしいよ。

새로 오픈한 카페, 분위기 [   ].

Q.4 今年は去年より寒くないそうです。

올해는 작년보다 [   ].

Q.5 もう1つ買いたかったのに、 売れ切れだって。

하나 더 사고 싶었는데 [   ].

Q.6 空港でパスポートをなくしたんですって。

공항에서 여권을 [   ].

194

音声もCHECK!

チョボダ　ナイ　マンテヨ
저보다 나이 많대요.

나이가 많다は「歳をとっている」。○○**보다 나이가 많다**は「～より年上だ」という意味です。

イ ゲ　ト　ナッテ
이게 더 낫대.

何かと比較してそれよりも「よい」は**낫다**。**나아요**（よいです）／**나았어요**（よかったです）と言います。**이게**は**이것이**（これが）の略。

セロ　オプナン　カペ　プヌィギ　トェゲ　チョテ
새로 오픈한 카페, 분위기 되게 좋대.

되게は「すごく、とても」の意味。同じ意味の単語に**진짜**、**너무**などもありますが、カジュアルな場面で使われます。

オレヌン　チャンニョンボダ トゥル　チュプテヨ
올해는 작년보다 덜 춥대요.

副詞の**덜**（少なく）は基準よりも下回る時に使われます。**더**は＋、**덜**は－をイメージしましょう。例）**이것보다 덜 매워요.**（これよりも辛くないです）。

ハナト　サゴ　シボンヌンデ　タ　パルリョッテ
하나 더 사고 싶었는데 다 팔렸대.

다 팔리다は直訳すると「すべて売れる」。**매진되다**（売り切れる）を使って**매진됐대**としても正解です。「もう1つ」は**하나 더**を使います。

コンハンエソ　ヨックォヌル　イロボリョッテヨ
공항에서 여권을 잃어버렸대요.

「なくす」は**잃어버리다**。**여권**（旅券）は**[여꿘]**と発音します。

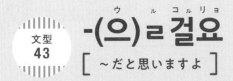

文型 43

-(으)ㄹ걸요

ウ　ル　コルリョ

[～だと思いますよ]

성우 씨는 여자친구
ソンウ　ッシヌン　ヨジャチング

있을걸요.
イッスルコルリョ

ソンウさんは
彼女いると思いますよ。

-(으)ㄹ걸요は「～だと思います」という推測表現。会話の中で予想して答えたり、相手とは反対の意見を伝える時に使われます。似たような意味の-(으)ㄹ 거예요（～でしょう、45ページ）より確信度は低く、「そこまで確信はないけど、たぶん」のような軽いニュアンスです。

Ⓐ 수진 씨도 알아요 ?
スジン　ッシド　アラヨ

スジンさんも知ってますか?

Ⓑ 아직 모를걸요.
アジク　モルルコルリョ

まだ知らないと思いますよ。

接続のルール

動詞・形容詞、名詞に接続。動詞・形容詞は原形から**다**をとりパッチムがない場合は**ㄹ걸요**、ある場合は**을걸요**をつけます。名詞には**일걸요**をつけます。

パッチム無 놀라다(驚く)…놀라 **＋ ㄹ걸요 → 놀랄걸요**

パッチム有 없다(ない)… 없 **＋ 을걸요 → 없을걸요**

196

「後悔」を表す -(으)ㄹ걸 (그랬다)

-(으)ㄹ걸 (그랬다)で「〜すればよかった」と後悔の気持ちを表すこともできます。-(으)ㄹ걸 그랬어(요)の形をとりますが、独り言をつぶやく時や親しい人との会話ではしばしばそ랬어(요)は省略されます。「後悔」の時は語尾を下げ、「推測」の時は語尾を上げて発音しましょう。걸요はしばしば[껄료]と発音されます。

推測 〜だと思う	ジュンソヌン カルコル **준서는 갈걸.** ジュンソは行くと思うよ。
後悔 〜すればよかった	ナド カルコル (クレッソ) **나도 갈걸 (그랬어).** 私も行けばよかった。

「〜しなければよかった」は -지 말걸 (그랬다)の形に

> チャミ ア ノァヨ　コピ　マシジ　マルコル　クレッソヨ
> # 잠이 안 와요. 커피 마시지 말걸 그랬어요.
> 眠れないです。 コーヒー飲まなければよかったです。

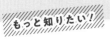
もっと知りたい！

「終わった…」を表す韓国語とは？

망하다（滅びる、つぶれる）の過去形망했어／망했다は「やってしまった！」「終わった」の意味。失敗した時の定番フレーズです。

ナ　シホム　マンヘッソ
나 시험 망했어!
私試験全然できなかった！

マンヘッタ　チョッ　テイトゥヨンヌンデ
망했다. 첫 데이트였는데….
やってしまった。 初デートだったのに…。

-(으)ㄹ걸요 を使いこなす練習をしよう！

Q.1 あまり興味ないと思いますよ。

별로 [ ].

Q.2 あの店、すぐつぶれると思う。

저 가게, [ ].

Q.3 もうちょっと早く出ればよかったです。

좀 더 [ ].

(ヒント) 일찍 (早く) を使って。

Q.4 あ、寒い。手袋持ってくればよかった。

아, 추워. 장갑 [ ].

Q.5 どうせ負けると思うよ。

어차피 [ ].

Q.6 ヒョヌさんのお姉さんも背が高いと思います。

현우 씨 누나도 [ ].

Answer

ピョルロ クァンシム オプスルコルリョ

≫ 별로 관심 없을걸요.

「興味がある／ない」は관심(이) 있다／없다。관심は漢字語の「関心」です。

チョ カゲ クムバン マンハルコル

≫ 저 가게, 금방 망할걸.

금방は「すぐ」という副詞。「つぶれる」は망하다を使います。

チョム ド イルッチク ナオルコル クレッソヨ

≫ 좀 더 일찍 나올걸 그랬어요.

나오다は「出てくる」、나가다は「出て行く」。「もうちょっと」は좀 더（좀：ちょっと、더：もっと）で表します。

ア チュウォ チャンガプ チェンギョ オルコル （クレッタ）

≫ 아, 추워. 장갑 챙겨 올걸 (그랬다).

ここでの챙기다は「（必要なものを）用意する・備える」という意味。가져오다（持ってくる）を使って가져올걸としても正解です。

オチャピ チルコル

≫ 어차피 질걸.

「負ける」は지다 ⇔「勝つ」は이기다。어차피は「どうせ」という意味です。

ヒョヌ ッシ ヌナド キガ クルコルリョ

≫ 현우 씨 누나도 키가 클걸요.

「背が高い」は크다（大きい）を使って키가 크다と表します。

-나 보다／-(으)ㄴ가 보다

ナ　ボダ　　　　ウンガ　ボタ

[～みたいだ・～ようだ]

オヌル　セイラナ　ボァヨ
오늘 세일하나 봐요.
今日セールしてるようですね。

推測を表す表現は複数あり、**-나 보다／-(으)ㄴ가 보다**（～みたいだ、
～ようだ）もその1つ。ただし、品詞によって使い分ける必要があり、
基本的に動詞は**-나 보다**、形容詞は**-(으)ㄴ가 보다**がつきます。どちらも、
ポイントは話し手が見たり聞いたりした何らかの根拠があるかどうか。
おもに自分以外の話をする時に使います。

 図書館に通ってる姿を見た

ヨルシミ　コンブハナ　ボァ
[**열심히 공부하나 봐.**
一生懸命勉強してるみたい。]

痛がっている姿を見た

マニ　アプンガ　ボァヨ
[**많이 아픈가 봐요.**
すごく痛そうです。]

-나 보다は動詞に接続。原形から다をとり나 보다をつけます。-(으)ㄴ가 보다は形容詞につき、パッチムがない場合はㄴ가 보다、ある場合は은가 보다をつけます。名詞には인가 보다をつけます。

動詞 오다(来る)…오 ＋ 나 보다 → 오나 보다

形容詞 바쁘다(忙しい)…바쁘 ＋ ㄴ가 보다 → 바쁜가 보다

-나 보다は自分のことには使えない

-나 보다は根拠に基づいて推測しているため、基本的に自分のことを話す時には使いません。しかし自分を客観視して「確かではないが、どうやら（私は）そうみたいだ」と言うことはできます。

ネガ　　ミチョンナ　ボァ
● **내가 미쳤나 봐.**

私おかしくなったみたい。

ナ　チュイヘンナ　ボァ
● **나 취했나 봐.**

私酔ったみたい。

チェガ　オヘヘンナ　ボァヨ
● **제가 오해했나 봐요.**

僕が誤解していたようです。

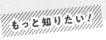
もっと知りたい！

-것 같다(～ようだ)と何が違う?

-것 같다（142ページ）も「～みたいだ、～ようだ」の意味。-나 보다との比較（根拠があるかどうか）は次のような違いで表すことができます。

イ　クァジャガ　マシンナ　ボァヨ
이 과자가 맛있나 봐요.

このお菓子がおいしいようです。

おいしそうに食べている、もしくは3個も食べたのを見た。

ウェンジ　マシッスル　コッ　カタヨ
왠지 맛있을 것 같아요.

何だかおいしそうです。

根拠はないけど自分の経験や考えだけで推測することもできる。

-나 보다/-(으)ㄴ가 보다 を使いこなす練習をしよう!

Q.1 あなたのこと好きみたい。

너 □□□□□□.

Q.2 電話しても出ないな。 すごく忙しそう。

전화해도 안 받네. □□□□□□□.

Q.3 私が勘違いしていたみたい。 ごめん。

내가 □□□□□□. 미안.

ヒント 過去は-았/었나 보다。

Q.4 こういう帽子が流行っているみたいですね。

이런 모자가 □□□□□□.

Q.5 2人、仲直りしたようですね。

둘이 □□□□□□.

Q.6 携帯、家に忘れてきたみたい。 どうしよう。

핸드폰 집에 □□□□□□. 어쩌지?

ヒント 忘れる→置いてくる。

Answer

ノ　チョアハナ　ボァ
너 좋아하나 봐.

너はぞんざいな言い方で「君、お前、あんた」の意味。友だちや年下の人に
対して使いますが、場面によってはやや乱暴な印象になります。

チョナヘド　アン　バンネ　マ ニ　バップンガ　ボァ
전화해도 안 받네. 많이 바쁜가 봐.

많이は「たくさん」以外に「とても、すごく」を意味します。「電話に出る」
は받다（受ける）を使って전화를 받다と言います。

ネ ガ　チャッカケンナ　ボァ　ミアン
내가 착각했나 봐. 미안.

「勘違いする」は착각（錯覚）하다と言います。

イロン　モジャガ　ユヘンインガ　ボァヨ
이런 모자가 유행인가 봐요.

「流行っている」は유행（流行）という単語を使いましょう。유행하나 봐요（流
行っているみたいです）でも正解。

トゥリ　ファヘヘンナ　ボァヨ
둘이 화해했나 봐요.

「仲直りする」は화해（和解）하다。

ヘンドゥポン　チ ベ　トゥゴ　ワンナ　ボァ　オッチョジ
핸드폰 집에 두고 왔나 봐. 어쩌지?

物をどこかに忘れてきた場合は「○○に置いてきた（두고 왔다／놓고 왔다）」
と表現すると自然。어쩌지?は어떡하지?と同じ困った時のフレーズ。

-았／었었 [～していた]

オジェ　　アイドリ
어제 아이돌이
コンハンエ　　ワソ
공항에 와서
ナルリ　　ナッソッテ
난리 났었대.
昨日アイドルが空港に来て、
大騒ぎだったって。

-았／었+었（～していた）は過去形が2つ？と奇妙に感じられるかも
しれませんがネイティブがよく使う表現。ただの過去形とは違い、-았
／었+었の場合は、過去にあったある状況が継続しておらず、今は違
う状況であることを表します。

ハ　ワ　イ　エ　　　　カッソヨ
● **하와이에 갔어요.**
ハワイに行きました。

行った事実のみ述べている。現在ハワイにいるかどうか不明。

ハ　ワ　イ　エ　　　　カッソッソヨ
● **하와이에 갔었어요.**
ハワイに行っていました。

過去のある時点まではハワイにいたが、現在は戻ってきている。

動詞・形容詞に接続。過去形(-았/었)を作り었다をつけます。

動詞 만나다(会う)…만났＋었다 → 만났었다

形容詞 작다(小さい)…작았＋었다 → 작았었다

-았/었었を使ったさまざまな表現

-았/었었もほかの表現と同様、-는데、-거든요、-잖아요などのさまざまな表現と組み合わせて使えます。よく使う表現を紹介します。

アッ/オッソンヌンデ **-았/었었는데** 〜してたんだけど	ポァンヌンデ　　ポァッソンヌンデ **봤는데 → 봤었는데** 見てたけど
アッ/オッソッコドゥンニョ **-았/었었거든요** 〜だったんですよ	ポァッコドゥンニョ　　ポァッソッコドゥンニョ **봤거든요 → 봤었거든요** 見てたんですよ
アッ/オッソッチャナヨ **-았/었었잖아요** 〜してたじゃないですか	ポァッチャナヨ　　ポァッソッチャナヨ **봤잖아요 → 봤었잖아요** 見てたじゃないですか

イェンナレ　　チョアヘソ　　クッチュ　　モアッソンヌンデ
● **옛날에 좋아해서 굿즈 모았었는데….**

昔好きでグッズ集めてたのにな。

모았다(集めた) - 모았었다(集めていた) → 今は集めていない。

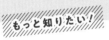

일년(1年)の発音に注意!

일년のように ㄹとㄴが前後にくると、ㄴは[ㄹ]の発音に変化します。

▶ㄹ＋ㄴ または ㄴ＋ㄹ → 発音は ㄹ＋ㄹ になる

ヨルレッ
열넷(14)**[열렏]**　　シルレ
실내(室内)**[실래]**　　ヨルラク
연락(連絡)**[열락]**

-았/었었 を使いこなす練習をしよう!

Q.1 あの人とは1年ぐらいつき合ってました。

그 사람하고는 [   ].

ヒント ~くらい: -정도

Q.2 ミンギュも同窓会来てたの?

민규도 동창회 [   ]?

Q.3 買おうかやめようかめっちゃ悩んだよ。

살까 말까 [   ].

Q.4 ピザ好きだったのにな。

피자 [   ].

Q.5 中国語を習っていたのですが、全部忘れてしまいました。

[   ] 다 까먹었어요.

Q.6 私もそうだったんですよ。

저도 [   ].

206

Answer

ク　　サラムマゴヌン　イルリョン　ジョンド　マンナッソッソヨ
✐ 그 사람하고는 1년 정도 만났었어요.

「つき合う」は사귀다以外に만나다（会う）で表すこともあります。1년の発音は[일련]。

ミンギュド　トンチャンフェ　ワッソッソ
✐ 민규도 동창회 왔었어?

「同窓会」は동창회。왔어（来た）は「今来ている」、왔었어（来ていた）は「今その場にいない」というニュアンスの違いがあります。

サルッカ　マルッカ　トェゲ　コミネッソッソ
✐ 살까 말까 되게 고민했었어.

「悩む」は고민하다。-(으)ㄹ까 말까（～しようかどうか）は悩んでいる時に使う表現です。

ピジャ　チョアヘッソンヌンデ
✐ 피자 좋아했었는데.

좋아했는데でももちろんOK。좋아했었는데は「今はその時ほど好きではない」という意味合いが強くなります。

チュングゴルル　ベウォッソンヌンデ　タ　ッカモゴッソヨ
✐ 중국어를 배웠었는데 다 까먹었어요.

배웠다（習った）を「習っていた」の形にすると배웠었다になります。까먹다は俗語の「忘れる」という意味。

チョド　クレッソッコドゥンニョ
✐ 저도 그랬었거든요.

그랬었다는그랬다（そうだった）よりも「今は違う」というニュアンスが強くなります。

-더라고요
[～でしたよ・～だったんですよ]

> 캠핑 처음 가
> 봤는데 너무 좋더라고요.
> キャンプに初めて行ったんですが、
> すごくよかったですよ。

-더라고요（～でしたよ、～だったんですよ）は過去の出来事を「回想」しながら相手に伝える時の会話表現。ただし、話し手が実際に経験してわかったこと、気づいたことである必要があります。会話ではよく[더라구요]と発音されます。

「人が多かったですよ」の場合

単なる過去表現	目にしたことを回想しながら話す時
사람이 많았어요.	사람이 많더라고요.

動詞・形容詞、名詞に接続。動詞・形容詞はパッチムの有無に関係なく原形から다をとり、더라고요をつけます。名詞はパッチムがない場合は더라고요、ある場合は이더라고요をつけます。

動詞 하다(する)…하 **+ 더라고요 →** 하더라고요

形容詞 많다(多い)…많 **+ 더라고요 →** 많더라고요

-더라고요の主語は三人称が基本

自分が見たり、経験したりしたことを伝えるため、自分を主語にすることができません。基本的に主語は三人称になります。

(내가) 한국어 잘하더라고요. (×)

「（私が）韓国語が上手でしたよ」とは言えません。

-더라고요の主語を一人称にできる例外

行動ではなく、自分が感じたこと（재미있다、좋다、힘들다…）を伝える時は-더라고요が使えます。イラストの例文のようなケースです。

> キブニ　チョトラゴヨ
> **기분이 좋더라고요.**
> 気分がよかったんですよ。

> ノム　　プロプトラゴヨ
> **너무 부럽더라고요.**
> すごくうらやましかったんですよ。

もっと知りたい！

-더라고요と相性のよい表現

-더라고요の前には-았／었는데（〜したんだけど）、-아／어 봤는데（〜してみたんだけど）、-(으)니까（〜したら）などがよく使われます。

> モゴ　ボァンヌンデ　マシットラゴ
> **먹어 봤는데 맛있더라고.**
> 食べてみたんだけどおいしかったよ。

> カニッカ　クポヌル　チュドラゴヨ
> **가니까 쿠폰을 주더라고요.**
> 行ったらクーポンをくれたんですよ。

-더라고요 を使いこなす練習をしよう!

Q.1 ずっと待ってたのに、来なかったんですよ。

계속 기다렸는데 ⬚.

Q.2 探してみたんだけど、大きいのがなかったんだよね。

찾아 봤는데 ⬚.

(ヒント) 〜のが: -(으)ㄴ 게。

Q.3 写真より実物のほうがずっとかっこよかったですよ。

사진보다 실물이 ⬚.

Q.4 やってみたけど、うまくいかなかったよ。

해 봤는데 ⬚.

Q.5 会社で私のことバカにするのよ。

회사에서 날 ⬚.

Q.6 さっきジウンさんが泣いてたんですよ。

아까 지은 씨가 ⬚.

(ヒント) 〜している: -고 있다。

── / Answer \ ──

ケソク　キダリョンヌンデ　ア　　ノ ド ラ ゴ ヨ
계속 기다렸는데 안 오더라고요.

안 오다（来ない）+ **더라고요**の形です。

チャジャ　ボァンヌンデ クン　ゲ　　オットラゴ
찾아 봤는데 큰 게 없더라고.

큰 게（=**큰 것이**）で「大きいのが」を意味します。

サジンボダ　　シルムリ フォルッシン モシットラゴヨ
사진보다 실물이 훨씬 멋있더라고요.

훨씬（ずっと、はるかに）は何かと比較する時に使います。
例）**저보다 훨씬 잘해요.**（私よりずっと上手です）。実物は「実物」。

ヘ　ボァンヌンデチャル　アンドェドラゴ
해 봤는데 잘 안되더라고.

잘 안되다は「うまくいかない」。「（物事が）うまくいく」は**잘되다**。
例）**시험 공부 잘돼 ?**（試験勉強うまくいってる？）

フェサエソ　ナル　　ム シ ハ ド ラ ゴ
회사에서 날 무시하더라고.

무시（無視）**하다**は「バカにする、見下す」という意味でよく使われます。**날**
は**나를**（私を）の略。

アッカ　ジウン　ッシガ　ウルゴ　イットラゴヨ
아까 지은 씨가 울고 있더라고요.

울다（泣く）+ **-고 있다**（～している）。**아까**は「さっき」。

-았／었던 [~していた・~だった~]

アッ　オットン

センガケットン　ゴラン
생각했던 거랑
チョム　タルネ
좀 다르네.

思ってたのとちょっと違うな。

レベルアップを目指すならぜひ使いこなしたい-**았／었던**（~していた、
~だった）。過去に終わったことを思い出しながら話す時に使われます。
過去連体形なので後ろには名詞がきます。

	昨日見た映画、また見たいです
-(으)ㄴ	オジェ ボン ヨンファット ボゴ　シボヨ **어제 본 영화, 또 보고 싶어요.** → ただ見たという事実だけを述べている
-았／었던	オジェ ボァットン ヨンファット ボゴ　シボヨ **어제 봤던 영화, 또 보고 싶어요.** → 回想しながら話している

-**(으)ㄴ**でも伝わるんじゃないの？　と思うかもしれませんね。しかし
この表現はネイティブの会話の中で非常によく使われるので、まずは
こういった表現があるんだ、ということを覚えておいてください。

接続のルール

動詞・形容詞に接続。過去形 (-았/었) を作り던をつけます。

動詞 타다 (乗る) …탔＋던 → 탔던

形容詞 좋다 (よい) …좋았＋던 → 좋았던

-았／었던のニュアンスをつかもう

-았／었던の使い方がよくわかる 2 つの例を紹介します。「すでに過去に完了していて、今はしていない」ことがポイントです。

一度っきり	オジェ モゴットン クァジャ **어제 먹었던 과자** 昨日食べたお菓子 →食べたのは昨日だけ。
過去に よくしていたこと	オリョッスル ッテ チャジュ モゴットン クァジャ **어렸을 때 자주 먹었던 과자** 幼い頃よく食べていたお菓子 →過去にはよく食べていたが、今は食べていない。

もっと知りたい！

疑問詞＋더라?

思い出せない時の定番フレーズを紹介しましょう。いずれも語尾を上げてつぶやいてくださいね。

ムォドラ （ムォジ）
뭐더라?(뭐지?) 何だっけ?

オンジェドラ （オンジェジ）
언제더라?(언제지?) いつだっけ?

ヌグドラ （ヌグジ）
누구더라?(누구지?) 誰だっけ?

オディドラ （オディジ）
어디더라? (어디지?) どこだっけ?

-았/었던 を使いこなす練習をしよう!

Q.1 この歌、以前よく聞いてた歌です。

이 노래, 예전에 자주 [   ]예요.

Q.2 韓国に行った時に食べたチキンが忘れられない!

한국에 갔을 때 [   ]이 자꾸 생각 나!

Q.3 この前一緒に行ったカフェの名前何だっけ?

저번에 같이 [   ] 뭐더라?

Q.4 授業で習った文法なのに…。

수업 시간에 [   ]….

ヒント 「(名詞) なのに…」は-인데を使おう。

Q.5 私が前言ったこと覚えてる?

내가 전에 [   ] 기억나?

Q.6 これ私が欲しかったものだ! ありがとう。

이거 내가 [   ]! 고마워.

ヒント 欲しい→持ちたい。

/ A n s w e r \

イ　ノレ　　イェジョネ　チャジュ　トゥロットン　　ノレエヨ
이 노래, 예전에 자주 들었던 노래예요.

듣다 (聞く) + 았／었던の形で「昔はよく聞いていたけど、今は聞いていない」
というニュアンス。예전에は「以前」という意味。

ハングゲ　カッスル　ッテ　モゴットン　　チキニ　　チャック　センガンナ
한국에 갔을 때 먹었던 치킨이 자꾸 생각나!

자꾸 생각(이) 나다は「何度も（しきりに）思い出す」で「頭から離れない」「忘
れられない」。

チョボネ　　カチ　カットン　カペ　イルム　ムォドラ
저번에 같이 갔던 카페 이름 뭐더라?

저번에は「この前」という意味。뭐더라？は「何だっけ?」。

スオプ　　シガネ　ベウォットン　ムンポビンデ
수업 시간에 배웠던 문법인데….

「習う」は배우다。문법（文法）の発音は[문뻡]。

ネ ガ　チョネ　ヘットン　マル　キオンナ
내가 전에 했던 말 기억나?

「言ったこと（話）」は했던 말(얘기)。ここでの기억(이) 나다は「覚えている」を
意味します。

イゴ　ネ ガ　カッコ　シボットン　ゴ ネ　　コマウォ
이거 내가 갖고 싶었던 거네! 고마워.

「（物が）欲しい」は갖고 싶다 (持ちたい)、사고 싶다 (買いたい) で表します。
거네は거 (もの) に感嘆の네がついた形。

-았／었더니 [～したら]

어제 라면 먹고
잤더니 얼굴이 부었어.

昨日ラーメン食べて寝たら、
顔がむくんじゃったよ。

-았／었더니 （～したら、～したから）は「過去にこんな行動をしたら、こうなった」「こんなことが起きた」と結果を伝えたい時の表現。次のような2つの文章を一文で言う表現で、後ろには予想していなかった結果がよくきます。

동생 방에 가 봤어요. 그랬더니 자고 있었어요.

弟（妹）の部屋に行ってみました。そしたら寝ていました。

동생 방에 가 봤더니 자고 있었어요.

行動 → 結果

弟（妹）の部屋に行ってみたら寝ていました。

動詞に接続。過去形(-았/었)を作り**더니**をつけます。

パッチム無 가다(行く)…**갔**＋**더니** ➡ **갔더니**

パッチム有 먹다(食べる)…**먹었**＋**더니** ➡ **먹었더니**

-았/었더니を使いこなす2つのポイント

-았/었더니の文章を作る時には次の2つの注意点があります。

前の主語は一人称

> ネ ガ　　　カットニ　　　サラミ　　　アムド　　　オプトラゴヨ
> **(내가) 갔더니 (사람이) 아무도 없더라고요.**
> (私が)行ったら(人が)誰もいなかったんですよ。
> 後ろの主語は一人称とは限りません。

「結果」を伝えたいので、後ろは過去か現在だけ

> シノ　　ボァットニ　チョム　チャガッソヨ
> **신어 봤더니 좀 작았어요. (〇)**
> 履いてみたら、ちょっと小さかったです。
> 「小さいとは思わなかった」というニュアンスを含みます。

> **신어 봤더니 좀 작을 거예요. (×)**
> 「~だろう」のような推測を表す表現は使えません。

もっと知りたい！

よく耳にする그랬더니の使い方

그랬더니は「そしたら、そう言ったら」という意味。더はさまざまな構文で使われますが「回想」のニュアンスが含まれていることを覚えておいてください。

ネ ガ　ハ ナ　チョッコドゥン　クレットニ　イゴル　チュドラゴ
내가 하나 줬거든. 그랬더니 이걸 주더라고.
私が1つあげたんだ。そしたらさ、これくれたんだよね。

-았/었더니를 使いこなす練習をしよう!

Q.1 薬を飲んだらすぐよくなりました。

　　　　　　　　금방 나았어요.

Q.2 日曜日に行ったら、満席だったよ。

　　　　　　　　자리가 없더라고.

Q.3 徹夜したから、しんどいな。

　　　　　　　　피곤하네.

Q.4 見せたらすごく喜んでいました。

　　　　　　　　되게 좋아하더라고요.

Q.5 ずっと立っていたから足痛い。

오래　　　　　　　　다리 아파.

Q.6 コメントしたらブロックされた…。

　　　　　　　　차단당했어….

━━ A n s w e r ━━

ヤグル　モゴットニ　クムバン　ナアッソヨ
약을 먹었더니 금방 나았어요.

「薬を飲む」は**약을 먹다**といい、마시다は間違い。**-(으)니까**(130ページ)を使って、**약을 먹으니까 금방 나았어요**と言い換えしてもOK。

イリョイレ　カットニ　チャリガ　オプトラゴ
일요일에 갔더니 자리가 없더라고.

「満席だ」は**자리가 없다**（席がない）。**일요일**（日曜日）など時を表す名詞の後ろには基本的に**-에**をつけますが「昨日、今日、明日」にはつけません。

バムセウォットニ　ピゴナネ
밤새웠더니 피곤하네.

밤새우다で「徹夜する」を意味します。

ボヨ　ジョットニ　トェゲ　チョアハドラゴヨ
보여 줬더니 되게 좋아하더라고요.

「見せる」は**보여 주다**。

オレ　ソ　イッソットニ　タリ　アパ
오래 서 있었더니 다리 아파.

서 있다（立っている）+ **았／었더니**の形にします。**오래**は副詞の「長く〜」。例) **오래 하다**（長い間する）、**오래 살다**（長生きする）

テックル　タラットニ　チャダンタンヘッソ
댓글 달았더니 차단당했어….

「コメントを書く」は**댓글(을) 달다**。**차단**（遮断）は「ブロック」、**당하다**は「される」の意味。

-아／어야겠다

[～しなきゃ・～しなくちゃ]

더 열심히
ト ヨルシミ
공부해야겠다!
コンブヘヤゲッタ

もっと一生懸命勉強しなきゃ!

「明日までにしなきゃ」「そろそろ寝なくちゃ」など、**-아／어야겠다**は「そうしなければならない」という話し手の強い意志や気持ちを表します。独り言にもよく使われるくだけた表現です。

● **오늘 안에 끝내야겠다.**
オヌル　アネ　ックンネヤゲッタ

今日中に終わらせなきゃ。

끝내야겠어でもOK。

接続のルール

動詞に接続。**해요体から요をとり、야겠다**をつけます。

パッチム無 보다 (見る) …봐 ＋ 야겠다 ➜ 봐야겠다

パッチム有 만들다 (作る) …만들어 ＋ 야겠다 ➜ 만들어야겠다

「～しなければなりません」とていねいに言う場合は、**-아/어야겠어요**
になります。相手に自分の意思を伝える時、相手に何かを促す時に
も使います。

ケボンドェミョン ッコク ボロ　　ガヤゲッソヨ
● **개봉되면 꼭 보러 가야겠어요.**

公開されたら絶対見に行かなければならないですね。

「行かなきゃ」という自分の意思を伝えています。

ッパルリ　ワ　　ジュショヤゲッソヨ
● **빨리 와 주셔야겠어요.**

早く来ていただかないといけません。

相手に催促する時にも使います。

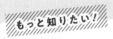

チェンジを意味する갈아-

갈아입다（着替える）など、**갈아**＋動詞で「（何かに）変える」を意味します。
この時の助詞「～に」は**-(으)로**を使いましょう。

（ウ）ロ　カライプタ
-(으)로 갈아입다

～に着替える

（ウ）ロ　カラシンタ
-(으)로 갈아 신다

～に履き替える

（ウ）ロ　カラタダ
-(으)로 갈아타다

～に乗り換える

-아/어야겠다 を使いこなす練習をしよう!

Q.1 やせなきゃ。

[   ].

Q.2 ゲームやめて、 もう寝ないといけませんね。

게임 그만하고 [   ].

Q.3 すぐなくなるから買っておかないと。

금방 없어지니까 [   ].

(ヒント) 「～しておく」は-아/어 놓다。

Q.4 長袖に着替えないといけませんね。

긴팔로 [   ].

Q.5 写真撮ってインスタにあげなくちゃ。

사진 찍어서 인스타에 [   ].

Q.6 ヘジンにも知らせてあげなきゃ。

혜진이한테도 [   ].

/ A n s w e r \

> サル ッペヤゲッタ
살 빼야겠다.

「やせる」は使い分けが必要。一般的な表現は**살(이) 빠지다**（落ちる）。意図的にやせる場合は**살(을) 빼다**（除く）を使います。

> ケイム クマナゴ イジェ チャヤゲッソヨ
게임 그만하고 이제 자야겠어요.

이제は「もう、これから」。「もう食べたの？」「もう寝るの？」など、思ったより早いという場合の「もう」は**벌써**を使いましょう。

> クムバン オプソジニッカ サ ノァヤゲッタ
금방 없어지니까 사 놔야겠다

사 놓다（買っておく）は**사다**（買う）+ **-아／어 놓다**（〜しておく）と表します。**놔야겠다**は**놓아야겠다**を縮約した形です。

> キンパルロ カライボヤゲッソヨ
긴팔로 갈아입어야겠어요.

「〜に着替える」は**-(으)로 갈아입다**。「長袖」は**긴팔**、「半袖」は**반팔**。

> サジン ッチゴソ インスタエ オルリョヤゲッタ
사진 찍어서 인스타에 올려야겠다.

「ネット上に（写真や記事を）投稿する」は「上げる」という意味の**올리다**を使います。

> ヘジニハンテド アルリョ ジョヤゲッタ
혜진이한테도 알려 줘야겠다.

알리다（知らせる）+ **아／어 주다**で**알려 주다**（知らせてあげる）の意味になります。

-는/-(으)ㄴ 거예요
ヌン　ウン　ゴエヨ

[～なんですよ]

이거 어떻게
イゴ　オットケ

먹는 거예요 ?
モンヌン　ゴエヨ

これどうやって食べるんですか?

-(으)ㄹ 거예요（～するつもりです。44ページ）と形は似ていますが、
-는／-(으)ㄴ 거예요は、「～なんですよ」の意味になります。韓国語教
材にはあまり登場しませんがとてもポピュラーな言い回しで、話し手
が何かをはっきりと伝えたい時や強調したい時に使います。

「こうやってするんですよ」の場合

이렇게 해요.　→　이렇게 하는 거예요.
イロケ　ヘヨ　　　　　イロケ　ハヌン　ゴエヨ

どちらの文も同じ意味ですが、後者のほうが強調表現。

「みんなで行くんですか?」の場合

다 같이 가요 ?　→　다 같이 가는 거예요 ?
タ　カチ　カヨ　　　　　タ　カチ　カヌン　ゴエヨ

疑問文だと話し手の「知りたい」気持ちが強く伝わります。イラストの例文はこのパターン。

連体形を使ったもう1つの強調表現

同じく連体形を使った強調表現に-는／-(으)ㄴ 거 아니에요？（～じゃないですか？）があります。これも会話でよく使う表現です。

チルトゥハヌン　ゴ　アニエヨ
● 질투하는 거 아니에요?

嫉妬してるんじゃないですか?

カムギ　コルリン　ゴ　アニエヨ
● 감기 걸린 거 아니에요?

風邪をひいたんじゃないですか?

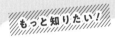

相手を責める時の-는 거예요

-는 거예요はいらだつ感情を表す時にも使えて、相手を責めるニュアンス
があります。

チグム　ムォ　ハヌン　ゴエヨ
지금 뭐 하는 거예요!
ちょっと何してるんですか!

オディ　カヌン　ゴヤ
어디 가는 거야!
どこ行くんだよ!

-는/-(으)ㄴ 거예요 を使いこなす練習をしよう！

Q.1 本当に大丈夫なんですか？

정말 [   ] ?

Q.2 これ、私にくれるんですか？

이거 저 [   ] ?

Q.3 いくら探してもないんですよ。

아무리 찾아도 [   ] .

Q.4 いったいいつ来るのよ。

대체 [   ] .

(ヒント) タメロの-는 거야を使おう。

Q.5 食べすぎじゃないですか？

[   ] .

(ヒント) ～すぎる：너무-。

Q.6 わざとじゃない？

[   ] ?

(ヒント) わざと：일부러。

226

Answer

チョンマル クェンチャヌン ゴ エ ヨ
정말 괜찮은 거예요?

괜찮아요? を強調した表現。形容詞なので -(으)ㄴ をつけます。

イゴ チョ チュヌン ゴ エ ヨ
이거 저 주는 거예요?

「くれる」は 주다。動詞なので -는 をつけます。

アムリ チャジャド オムヌン ゴエヨ
아무리 찾아도 없는 거예요.

없어요 (ないです) の強調表現。

テチェ オンジェ オヌン ゴ ヤ
대체 언제 오는 거야.

イライラしているのが伝わる表現です。대체 は 도대체 (一体) の略語。

ノム マニ モンヌン ゴ アニエヨ
너무 많이 먹는 거 아니에요?

너무 -거 아니에요? で「~すぎじゃないですか?」。
例) 너무 많은 거 아니에요? (多すぎじゃないですか?)。

イルブロ クロン ゴ アニャ
일부러 그런 거 아냐?

直訳すると「わざとそうしたんじゃない?」。그러다 (そうする) に過去連体形
の -(으)ㄴ がついています。「わざと」は 일부러。

해요体をもっと詳しく解説

　　最後に、「接続のルール」に出てきた**해요**体について、もう少し詳しく解説したいと思います。

　　해요体は語尾が**요**で終わる文のことで、通常の会話や文章などで非常によく使われるていねいな表現です。

　　動詞「行く」を「行きます」、形容詞「かわいい」を「かわいいです」のように「です、ます」の形にすることを「**해요**体にする」と言います。

語幹末の母音に注目

　　해요体の作り方には３つのパターンがありますが、ほとんどの単語は基本のパターンで対応できます。

　　基本のパターンは語幹（動詞や形容詞の原形から**다**をとった部分）に**아요**か**어요**をつけるだけ。**아요／어요**のどちらを使うかは語幹末(語幹最後の文字)の母音で決まります。

Pattern 1　基本のパターン

語幹末の母音が ト・エ の場合は **아요** をつけます。

	다をとる			아요をつける		

$$
\underset{もらう}{\overset{パッタ}{받다}} \cdots\rightarrow \underset{}{\overset{}{받}} \ + \ 아요 \ \rightarrow \ \underset{もらいます}{\overset{パダヨ}{받아요}}
$$

$$
\underset{よい}{\overset{チョタ}{좋다}} \cdots\rightarrow \underset{}{\overset{}{좋}} \ + \ 아요 \ \rightarrow \ \underset{よいです}{\overset{チョアヨ}{좋아요}}
$$

語幹末の母音が ト・エ 以外の場合は **어요** をつけます。

	다をとる			어요をつける		

$$
\underset{食べる}{\overset{モクタ}{먹다}} \cdots\rightarrow \underset{}{\overset{}{먹}} \ + \ 어요 \ \rightarrow \ \underset{食べます}{\overset{モゴヨ}{먹어요}}
$$

$$
\underset{遅い}{\overset{ヌッタ}{늦다}} \cdots\rightarrow \underset{}{\overset{}{늦}} \ + \ 어요 \ \rightarrow \ \underset{遅いです}{\overset{ヌジョヨ}{늦어요}}
$$

　上の例はすべてパッチムがある単語です。では、パッチムがない場合はどうなるかというと、原則は同じですが縮約されます。

	語幹+아요		縮約される	

$$
\underset{行く}{\overset{カダ}{가다}} \cdots\rightarrow \overset{}{가아요} \ \rightarrow \ \underset{行きます}{\overset{カヨ}{가요}}
$$

Pattern 2　하다がついているパターン

「～する」を意味する하다の語幹は하、母音は아だから하요。ではなくて「해요」になります。하다は해요になる。これだけ覚えれば「～する」という動詞や形容詞はほぼすべて作れます（本来하には여요がつきますが、一般的には해요に縮約されます）。

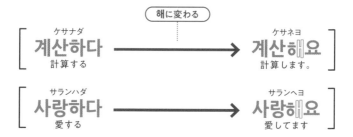

Pattern 3　変則パターン

　基本のルールに当てはまらない変則的なものがあります。これに関してはやりながら覚えていくのがベスト。あせらず身につけていきましょう。

　ただし、춥다（寒い）、고맙다（ありがたい）など語幹末にㅂがある場合の「ㅂ変則」、바쁘다（忙しい）、예쁘다（かわいい）など

の語幹末に으がある場合の「으変則」は、日常会話でよく使われる単語が多いので早めに知っておくことをおすすめします。

▶ ㅂ変則
ㅂが우に変わり**어요**がつきます（우+**어요**→워요）。

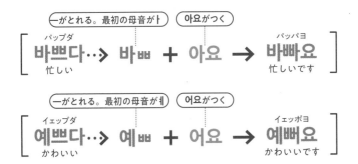

```
［ ㅂが우に変わり  ｜ 어요がつく ］
   チュプタ              チュウォヨ
   춥다 ┄▶ 추우 ＋ 어요 → 추워요
   寒い                    寒いです

   コマプタ              コマウォヨ
   고맙다┄▶고마우＋ 어요 → 고마워요
   ありがたい            ありがとうございます
```

▶ 으変則
ㅡがとれ、最初の母音がㅏ・ㅗの場合は**아요**をつけ、ㅏ・ㅗ以外の場合は**어요**をつけます。

```
［ ㅡがとれる。最初の母音がㅏ ｜ 아요がつく ］
   パップダ              パッパヨ
   바쁘다┄▶ 바ㅃ ＋ 아요 → 바빠요
   忙しい                忙しいです

［ ㅡがとれる。最初の母音がㅔ ｜ 어요がつく ］
   イェップダ            イェッポヨ
   예쁘다┄▶ 예ㅃ ＋ 어요 → 예뻐요
   かわいい              かわいいです
```

「ㅂ変則」と「으変則」はそれぞれどれか１つの単語を代表として覚えておくと、ほかのㅂ変則、으変則の単語にも応用できます。

使い分けしたい韓国語一覧

●「私」「あなた」のフォーマル&カジュアル表現

フォーマル	カジュアル	カジュアル（あなた）
チョヌン **저는**(私は)	ナヌン **나는**(私は)	ノヌン **너는**(君は)
チェガ **제가**(私が)	ネ ガ **내가**(私が)	ネガ(ニガ) **네가**(君が)
チョルル **저를**(私を)	ナルル **나를**(私を)	ノルル **너를**(君を)
チョド **저도**(私も)	ナ ド **나도**(私も)	ノ ド **너도**(君も)
チェ **제**(私の)	ネ **내**(私の)	ネ(ニ) **네**(君の)
チョハンテ **저한테**(私に)	ナハンテ **나한테**(私に)	ノハンテ **너한테**(君に)

●「この」「その」「あの」の使い分け

イ **이**(この)	ク **그**(その)	チョ **저**(あの)
イ ゴ **이거**(これ)	ク ゴ **그거**(それ)	チョゴ **저거**(あれ)
イ ゲ **이게**(これが)	ク ゲ **그게**(それが)	チョゲ **저게**(あれが)
イゴン **이건**(これは)	クゴン **그건**(それは)	チョゴン **저건**(あれは)
イロケ **이렇게**(こんなに)	クロケ **그렇게**(そんなに)	チョロケ **저렇게**(あんなに)
イロン **이런**(こんな)	クロン **그런**(そんな)	チョロン **저런**(あんな)
ヨ ギ **여기**(ここ)	コ ギ **거기**(そこ)	チョギ **저기**(あそこ)

●時間を表す単語の使い分け

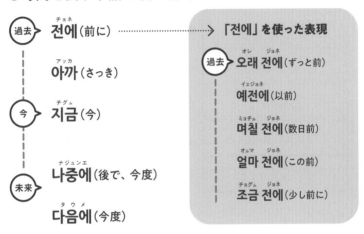

過去 전에 (前に) ·······> 「전에」を使った表現

> アッカ
> 아까 (さっき)

今 지금 (今)

> ナジュンエ
> 나중에 (後で、今度)

未来 다음에 (今度)

過去 오래 전에 (ずっと前)

예전에 (以前)

며칠 전에 (数日前)

얼마 전에 (この前)

조금 전에 (少し前に)

●頻度を表す単語の使い分け

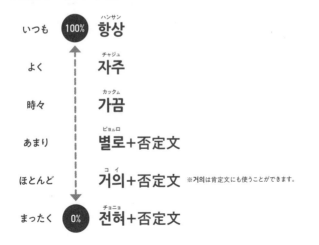

いつも 100% 항상

よく 자주

時々 가끔

あまり 별로+否定文

ほとんど 거의+否定文 ※거의は肯定文にも使うことができます。

まったく 0% 전혀+否定文

233

●副詞の対義語

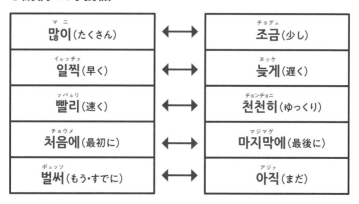

マニ			チョグム
많이（たくさん）	←→		조금（少し）
イルッチク			ヌッケ
일찍（早く）	←→		늦게（遅く）
ッパルリ			チョンチョニ
빨리（速く）	←→		천천히（ゆっくり）
チョウメ			マジマゲ
처음에（最初に）	←→		마지막에（最後に）
ボルッソ			アジク
벌써（もう・すでに）	←→		아직（まだ）

●助数詞の使い分け

サグァ	ケ	チャ	テ
사과（りんご）	개（個）	차（車）	대（台）
コ ビ	チャン	チェク	クォン
커피（コーヒー）	잔（杯）	책（本）	권（冊）
チョンイ	チャン	ナ イ	サル
종이（紙）	장（枚）	나이（年齢）	살（歳）
ワイン	ビョン	オッ	ボル
와인（ワイン）	병（本）	옷（服）	벌（着）
サラム	ミョン	シンバル	キョルレ
사람（人）	명（人）	신발（靴）	켤레（足〈ペア〉）
コヤンイ	マ リ	ッチャジャンミョン	クルッ
고양이（猫）	마리（匹）	짜장면（ジャージャー麺）	그릇（皿、ボウル）

●タメロ表現の使い分け

・平叙文

	タメロ	ていねい
(ア/オ) **-아/어** ～するよ	(カ) **가** 行くよ	(カ ヨ) **가요** 行きます
(アッ/オッソ) **-았/었어** ～したよ	(カッソ) **갔어** 行ったよ	(カッソヨ) **갔어요** 行きました
(ウ) ル コ ヤ **-(으)ㄹ 거야** ～するつもりだよ	カル コヤ **갈 거야** 行くつもりだよ	カル コ エ ヨ **갈 거예요** 行くつもりです

・疑問文

	タメロ	ていねい
(ア/オ) **-아/어?** ～する?	(カ) **가?** 行く?	(カ ヨ) **가요?** 行きますか?
(ニャ) **-냐?** ～する?	カニャ **가냐?** 行く?	**-냐? -니?**は仲のよい 友人や年下に使う。
(ニ) **-니?** ～する?	カ ニ **가니?** 行く?	

・勧誘文

	タメロ	ていねい
(チャ) **-자** ～しよう	カジャ **가자** 行こう	カ ヨ **가요** 行きましょう

・命令文

	タメロ	ていねい
(ア/オ) **-아/어** ～して	(カ) **가** 行って	カ ヨ **가요** 行ってください
(ア/オ)(オラ) **-아/어라** ～しなさい	カ ラ **가라** 行きなさい	

●助詞の使い分け

~が	パッチム無 ガ -가	パッチム有 イ -이
~は	パッチム無 ヌン -는	パッチム有 ウン -은
~を	パッチム無 ルル -를	パッチム有 ウル -을
~に	エ -에	
~で	エソ -에서	
~も	ト -도	
~だけ	マン -만	
~しか	パッケ -밖에	
(人・動物)に	文語 エゲ -에게	口語 ハンテ -한테
~から~まで	時間 プト ッカジ -부터 _까지	場所 エソ ッカジ -에서 _까지

●疑問詞の使い分け

何	뭐(무엇) ムォ ム オッ	どんな	어떤 オットン
どこ	어디 オディ	どの	어느 オヌ
いつ	언제 オンジェ	なぜ	왜 ウェ
誰／誰が	누구／누가 ヌ グ ヌ ガ	どれくらい	얼마나 オルマナ
何の	무슨 ムスン		

●日常会話で使う副詞の使い分け

とりあえず	일단(一旦) イルタン
ちょっと、少し、若干	약간(若干) ヤッカン
元々	원래(元来) ウォルレ
ずっと	계속(継続) ケソク
じつは	사실(事実) サシル
確かに、絶対、明らかに	분명(分明) プンミョン
正直、ぶっちゃけ	솔직히(率直히) ソルチキ
もし、もしも	만약에(万若에) マニャゲ

※（　）内の漢字語に由来しています。

●日常会話で使う接続詞の使い分け

そして	～して
<ruby>クリゴ</ruby> 그리고	<ruby>コ</ruby> -고
それで・だから	～なので
<ruby>クレソ</ruby> 그래서	<ruby>ア オソ</ruby> -아／어서
だから	～だから
<ruby>クロニッカ</ruby> 그러니까	<ruby>(ウ)ニッカ</ruby> -(으)니까
ところが・でも	～だけど
<ruby>クロンデ</ruby> 그런데	<ruby>(ウ)ン ヌンデ</ruby> -(으)ㄴ／-는데
そうしたら、それなら	～したら・～なら
<ruby>クロミョン クロム</ruby> 그러면(그럼)	<ruby>(ウ)ミョン</ruby> -(으)면
それでも	～しても
<ruby>クレド</ruby> 그래도	<ruby>ア オド</ruby> -아／어도
すると、そうしたら	～したら
<ruby>クレットニ</ruby> 그랬더니	<ruby>アッ オットニ</ruby> -았／었더니

著者紹介

たろん　韓国・大邱出身。韓国語講師。韓国語講師として大学のコミュニティカレッジや企業などで韓国語を教え始める。幼い頃から日本と韓国、両方の国を見てきた自分だからこそ伝えられることがあるのでは…と気づき、韓国語教室を開設。2019年に開設したインスタグラムが、たちまち人気となり、現在フォロワー数は7.5万人を超える。
本書では、あまり時間がない、ハングルが読めるようになったのでもう少し本格的に学びたい、自宅で楽しく（ゆるく）韓国語を勉強したい…というような方のために、毎日ちょっとつぶやくだけで韓国語がどんどん身に付く秘訣をまとめた。

https://taron-korean.com/
Instagram：@korean_taron

たった1秒！
韓国語つぶやきレッスン

2021年 3月25日　第1刷
2021年 8月15日　第2刷

著　　者　　た　ろ　ん

発 行 者　　小 澤 源 太 郎

責 任 編 集　　株式会社　プライム涌光
　　　　　　　　電話　編集部　03(3203)2850

発 行 所　　株式会社　青春出版社

東京都新宿区若松町12番1号　〒162-0056
振替番号　00190-7-98602
電話　営業部　03(3207)1916

印刷・三松堂　　製本・大口製本

万一、落丁、乱丁がありました節は、お取りかえします。
ISBN978-4-413-23197-8 C0087
© taron 2021 Printed in Japan

青春出版社の四六判シリーズ

お願い　ページわりの関係からここでは一部の既刊本しか掲載してありません。折り込みの出版案内もご参考にご覧ください。